Scriptor Praxis

RUDI RHODE/MONA-SABINE MEIS

Regelverstöße – stopp!

Wege zum sicheren Umgang

Cornelsen

Die Autoren

Rudi Rhode ist Sozialwissenschaftler und führt freiberuflich schulinterne Lehrerfortbildungen durch. Er hat gemeinsam mit Mona-Sabine Meis mehrere Bücher zu den Themen Konflikt, Körpersprache und Kommunikation publiziert. Zuvor war er 15 Jahre professioneller Schauspieler am Basta-Theater Wuppertal.

Dr. Mona-Sabine Meis ist Professorin für Kunst- und Kulturpädagogik an der Hochschule Niederrhein und Autorin zahlreicher pädagogischer Bücher. Zuvor war sie als Studiendirektorin an zwei Gesamtschulen und in der Lehrerfortbildung tätig.

Projektleitung: Gabriele Teubner-Nicolai, Berlin
Redaktion: Doreen Wilke, Berlin
Umschlagkonzept: Kerstin Zipfel, München
Umschlaggestaltung: LemmeDESIGN, Berlin
Umschlagfoto: © Imagebroker RM/F1 online
Technische Umsetzung: Markus Schmitz, Büro für typographische Dienstleistungen, Altenberge

www.cornelsen.de

3. Auflage 4. Druck 2025

Druck: AZ Druck und Datentechnik GmbH, Kempten

ISBN 978-3-589-16378-6

PEFC
PEFC/04-31-2260
PEFC-zertifiziert
Dieses Produkt stammt aus nachhaltig bewirtschafteten Wäldern und kontrollierten Quellen
www.pefc.de

Inhalt

Vorwort

An Schulen grassiert seit einigen Jahren ein Virus, der „Regelitis“ genannt werden kann: Je schwieriger die Schülerinnen und Schüler werden, desto engmaschiger wird das Regelwerk, in das die Kinder und Jugendlichen eingefügt werden. Die Wände der Klassenzimmer reichen häufig nicht mehr aus, um das auf Plakaten dokumentierte Regelwerk gut sichtbar anzuheften. Flankiert wird diese Regelitis von einem Konsequenzen-Kanon, der manchmal eher Konsequenzen-Kanone genannt werden sollte. Und zu guter Letzt schwört man sich im Kollegium darauf ein, die Regelitis-Kanone auch gemeinsam umzusetzen, damit man von den Kindern und Jugendlichen nicht mehr gegeneinander ausgespielt werden kann.

Doch Schülerverhalten ändert sich nicht allein dadurch, dass Regeln und Konsequenzen verabschiedet werden. Eine Regel oder Grenze ist nicht dadurch gültig und wirksam, dass sie aufgestellt, verkündet und anschließend im Klassenzimmer an die Wand gehängt wird. Jede Schülerin und jeder Schüler weiß: Alles ist „verhandelbar“. Mit dem entsprechenden Druck lassen sich bei so manchem Pädagogen Grenzen erweitern und Regeln außer Kraft setzen.

In der Zuspitzung bedeutet das: Die Gültigkeit von Grenzen und Regeln bemisst sich ausschließlich daran, ob es den jeweiligen Lehrkräften gelingt, diese nach Verstößen oder Grenzverletzungen in jeder Stunde neu zu verkörpern. Verkörperung ist dabei mehr als das Verkünden von Worten und Sätzen – jede Verkörperung ist ein Auftritt. Und ein Auftritt ist stets ein Zusammenspiel von innerer Haltung, Körpersprache und verbalen Botschaften. Lehrerinnen und Lehrer können sich niemals hinter Regeln und Grenzen verstecken.

So, wie es nicht die *eine* Grenzverletzung oder den *einen* Regelverstoß gibt, kann es auch nicht den *einen* Lehrerauftritt und das *eine* „Stopp“ geben. Daher werden in den folgenden Kapiteln pädagogische Kriterien dafür entwickelt, wie die Vorgehensweise in einem Konflikt nach einem Regelverstoß angemessen und professionell erfolgen kann. Ob deeskalative oder konfrontative Intervention – die Messlatte für jeden Lehrerauftritt muss dabei stets die Verbindung von Durchsetzungsfähigkeit mit Wertschätzung gegenüber der grenzverletzenden Person sein.

Rudi Rhode und Mona-Sabine Meis

1 Macht, Herrschaft und Autorität

Ein Beitrag von Janaina Meis

In diesem Beitrag wende ich mich den theoretischen Grundlagen von Macht, Herrschaft und Autorität zu. Er ist für diejenigen unter Ihnen gedacht, die daran interessiert sind, die Unterschiede von Amtsautorität und persönlicher Autorität zu reflektieren und zu erfahren, worauf die Macht aufbaut, die Sie als Autoritätsperson haben können. Sollten Sie daran kein Interesse haben, können Sie die folgenden Seiten einfach überspringen und gleich ins kalte Wasser der Praxis springen. Ansonsten seien Sie willkommen, mit mir einen Blick auf die Mechanismen menschlicher Hierarchien zu werfen.

Wie Sie intuitiv wissen, steht bei jedem Konflikt mit Schülerinnen und Schülern nicht nur der Ausgang des Konflikts, sondern auch Ihre Autorität auf dem Spiel. Die Messlatte Ihrer Autorität ist, ob es Ihnen gelingt, sich in Konflikten durchzusetzen und die Situation jederzeit im Griff zu haben. Und diese Messlatte ist öffentlich einsichtig und wird von Schülerinnen und Schülern, Eltern, Schulleitung sowie Kolleginnen und Kollegen interessiert beäugt. Was aber entscheidet über Wohl und Wehe des Lehrerschicksals? Was ist die treibende Kraft hinter der Durchsetzungsfähigkeit der Autoritätsperson, anders gesagt, die Macht und Ihre daraus abgeleitete Autorität? Um das zu beantworten, ist es hilfreich, verschiedene Arten von Autorität und Macht voneinander zu trennen. Beginnen wir mit Amtsautorität und persönlicher Autorität.

Amtsautorität oder persönliche Autorität?

Amtsautorität wurde und wird häufig durch Amtstracht oder Amtskleidung angezeigt: Die Robe des Richters, die Soutane des Geistlichen, das schwarze Sport-Dress des Schiedsrichters oder der Talar des Professors. Eine Person ist nur dann ermächtigt, diese Kleidungsstücke zu tragen, wenn sie das dazugehörige Amt auch „bekleidet". Sobald das nicht mehr der Fall ist, muss die Amtskleidung abgelegt werden: Joseph Ratzinger darf auf der Veranda seines Lebensabends keine Tiara tragen. Amtsautorität wird demnach nicht persönlich innegehabt, sondern qua Amt verliehen – und bei Amtsverlust auch wieder entzogen.

Damit Amtsautorität ihre Wirkung entfalten kann, muss jedoch eine Voraussetzung erfüllt sein: Bedingung ist der Glaube an oder die Anerkennung des hinter einer Amtsautorität stehenden Systems. Leicht einsichtig, denn das Amt steht nicht für sich selbst, sondern für eine verleihende Institution, z. B. für den Staat, die Kirche oder den Internationalen Fußball-Verband Fifa. Nicht die Person an sich hat Autorität, sondern die außerhalb der Person stehende Instanz legitimiert den Autoritätsanspruch der Person. Und solange die Person nicht zusätzlich auch über persönliche Autorität verfügt, ist Amtsautorität ausschließlich an den Glauben an das dahinterstehende System gebunden. Wenn dieser Glaube nicht da ist, können und werden wir der jeweiligen Autoritätsperson unsere Anerkennung entziehen bzw. erst gar nicht verleihen.

Unhinterfragte, verschriebene und verordnete Autorität wird in unserer Gesellschaft aus guten Gründen nicht (mehr) angestrebt. Die prinzipielle Ermächtigung zur Kritik in demokratischen Gesellschaften macht Autorität zur wählbaren Sache, und die Wahl fällt auf dasjenige, an das geglaubt wird. Wenn wir nicht an das jeweilige System hinter der Amtsautorität glauben, haben wir im Grunde die Wahl, diese Autorität nicht anzuerkennen.

Zusammenfassend kann man sagen, dass Amtsautorität es in der Gegenwart im Allgemeinen schwer hat. Sie kann ausschließlich dort als Ressource eingesetzt werden, wo das Amt an sich durch seine Verbindung mit der dahinterstehenden Idee oder Institution Respekt, Ansehen und aktive Unterstützung genießt. Der ehemals uneingeschränkt geforderte Respekt für Autoritätspersonen von Amts wegen und im Allgemeinen bringt daher unter diesen Umständen nicht mehr viel Entlastung des Lehrkörpers auf die Waagschale. Im Lehramt ist die persönliche Autorität nach den soziokulturellen Entwicklungen der letzten Jahre ungleich bedeutsamer für die Durchsetzungsfähigkeit geworden, als die von Amts wegen verliehene Autorität.

Ähnlich auch in der Schule: Viele Schülerinnen und Schüler erkennen bereits in der Grundschule ihre Lehrerinnen und Lehrer nicht mehr *a priori* und vorbehaltlos als Amtsautoritäten an. Stellen Sie sich in der ersten Stunde vor die Klasse, die Sie gerade neu übernommen haben, und verkünden den lärmenden Kids, Sie seien eine Amtsperson und verbitten sich daher solch ungebührliches, respektloses und freches Verhalten. Einige Ihrer Schülerinnen und Schüler werden sich mit großer Wahrscheinlichkeit schief lachen. Sie geben Ihnen dadurch ziemlich deutlich zu verstehen, dass Sie sich Ihre persönliche Autorität und den damit zusammenhängenden Respekt erst einmal hart erarbeiten müssen. Und sollte Ihnen dieses harte Stück Arbeit gelingen, dann wird Ihnen tatsächlich persönliche Autorität verliehen – aber nicht von Ihrem (Schul)Amt, sondern von den Schülerinnen und Schülern Ihrer Klasse.

Die Macht persönlicher Autorität

Was Amtsautorität und persönliche Autorität gemeinsam haben, ist das Wort „Autorität“, und wenn von Autorität die Rede ist, geht es um Führen und Folgen, um hierarchische Beziehungen, um die Beziehung zwischen „Vorgesetzten“ und denen, die „unterstellt“ sind: Es geht um Machtverhältnisse. Nun gibt es sehr verschiedene Arten von Machtverhältnissen. Die Beziehung früherer Schülerinnen und Schüler zu ihren Lehrkräften war eine überdeutlich hierarchische Machtbeziehung: Absoluter Gehorsam der Sprösslinge durch Unterordnung unter das Regelwerk war *qua* Amt vorausgesetzt und wurde gegebenenfalls durch Mittel wie die tiefgehende soziale und emotionale Distanz zwischen Autorität und Schützling, die vorausgesetzte Unantastbarkeit der Autoritätsperson, die Unbedingtheit des Gehorsams und nicht zuletzt auch durch Zwangsmittel von Einschüchterung bis zur psychischen und physischen Bestrafung erzwungen.

Die empfohlenen Regeln und Mittel zur Entwicklung von Autorität im vorliegenden Buch unterscheiden sich von den früher üblichen Prämissen und Methoden grundsätzlich. Trotzdem besteht eine zentrale Gemeinsamkeit mit Auffassungen früherer Tage darin, dass die letztendliche Befolgung eines Regelwerks seitens der Schülerinnen und Schüler angestrebt wird. Autorität, wie sie in diesem Buch verstanden wird, setzt eine hierarchische Beziehung voraus und tritt mit dem Anspruch auf Einhaltung eines Regelwerks auf. An der Hierarchie ist nicht zu rütteln, ihre Anerkennung ist Grundlage von persönlicher Autorität. Oder stimmen Sie etwa auf Augenhöhe mit Ihren Schülerinnen und Schülern die Inhalte der nächsten Stunden, Ihre Methodik und Didaktik, die Noten der Klassenarbeiten und die Verwendung von Handys oder Game-Boys im Unterricht ab? Ihr Amt als Lehrerin und Lehrer ist juristisch klar definiert: Lenken, Leiten, Führen, Benoten und (Er)Ziehen – alles aus einer übergeordneten Position heraus.

Von den Mitteln früheren Autoritätsverständnisses wird jedoch nicht die Rede sein. Aber worauf, wenn nicht auf Distanz, Druck, Zwang und Gewalt, fußt die Macht der persönlichen Autorität, wie sie in diesem Buch beschrieben wird? Um diese Frage beantworten zu können, lohnt ein kleiner Blick in die Kulturwissenschaft.

Macht oder Herrschaft?

Die wahrscheinlich berühmteste Definition von Macht hinterließ der Kultursoziologe Max Weber: Er definierte Macht als die Möglichkeit oder Chance, in sozialen Beziehungen den eigenen Willen auch gegen Widerstreben durchzusetzen, und zwar gleichviel, worauf diese Chance beruhe – also auch unter Einsatz von Zwangsmitteln irgendeiner Art. Macht bedeutet in dieser Definition, dass Gehorsam unverzüglich und unhinterfragt (notfalls auch mit Gewalt) erzwungen werden kann. MAO TSE-TUNGS Ausspruch, Macht käme „aus den Gewehrläufen", steht in dieser Denktradition. Die Anweisung unter Einsatz von Druckmitteln ist allerdings das Vorgehen des Befehlshabers – und nicht das der Autoritätsperson. Der von Autoritäten erzielte Gehorsam ist grundsätzlich anderer Natur als der von Befehlshabenden eingeforderte. Er ist ihm sogar direkt entgegengesetzt, denn Autorität schließt den Gebrauch von Zwang aus. Und dennoch gehen Gehorsamkeitsansprüche offensichtlich mit einem Machtanspruch einher …

Die Kulturphilosophin HANNAH ARENDT bringt Ordnung in diesen zunächst verwirrend erscheinenden Umstand, indem sie die Begriffe „Macht" und „Gewalt" voneinander abgrenzt. Sie summiert WEBERS und MAOS Definitionen unter den Begriff der Gewalt anstatt unter den der Macht. Aus den Gewehrläufen, so ARENDT, komme nicht Macht, sondern der wirksamste Befehl, der auf unverzüglichen, fraglosen Gehorsam rechnen kann – mit anderen Worten: Gewalt. ARENDT setzt hierfür den Begriff der Herrschaft an die Stelle von Macht.

Für sie kann Macht nicht von Einzelnen besessen werden – egal ob bewaffnet oder unbewaffnet. Macht in ARENDTS Sinne ist im Besitz einer Gruppe, die einen Einzelnen ermächtigt, in ihrem Namen zu handeln. Daher setzt sich im Idealfall Macht auch ohne Gewalt und Zwang durch. Und ein Einzelner hat keine Macht, er hat höchstens Gewalt.

In der Realität vermischen sich die Formen allerdings, und Gewalt ist nicht fern, wo immer Macht ist: Schwindet die Macht, neigen allzu viele Machthaber gleichsam reflexhaft dazu, ihre erodierende Machtposition durch den Einsatz von Gewalt wiederherstellen zu wollen. Doch Gewalt ist außerstande, erodierende Machtverhältnisse zu festigen. Im Gegenteil: Der massive Einsatz von Zwang und Gewalt zerstört die Basis von Macht – nämlich das grundsätzliche Einverständnis der Untergebenen mit dem Machtverhältnis und ihre Verleihung von Autorität und Macht an die vorgesetzte Person.

Auch hier soll ein schulisches Beispiel diese theoretischen Gedankengänge veranschaulichen: Der Klassenlehrer der 8. Klasse sieht durch die zunehmenden Unterrichtsstörungen seine Autorität in Gefahr und reagiert darauf häufig gereizt und mit übertriebener Härte: Immer öfter brüllt er schon nach kleinsten Regelverstößen die jeweiligen Schülerinnen und Schüler an und vergreift sich dabei nicht selten im Ton. Darüber hinaus verspricht er sich von der abschreckenden Wirkung seiner bisweilen drakonischen Strafen einen allmählichen Rückgang der Unterrichtsstörungen. Doch auch hier gilt, was Hannah Arendt als Theorie in ihrem Buch „Macht und Gewalt" formuliert hat: „Gewalt kann Macht vernichten; sie ist gänzlich außerstande, Macht zu erzeugen." (Arendt 1970, 57) Die teilweise überzogenen, entwertenden und bestrafenden Zwangsmittel des Lehrers führen dazu, dass er von seiner Klasse zunehmend als verhasster und angsteinflößender Despot, aber nicht mehr als Respektsperson angesehen wird. Immer mehr verwandelt sich das Machtverhältnis in ein Herrschaftsverhältnis, das ohne die weitere Androhung und Anwendung von Zwangsmitteln in sich zusammenstürzen wird und im Chaos endet: Ist der Klassenlehrer mit seinen Zwangsmitteln nicht zugegen und kann er aus der Ferne nicht genug Druck aufbauen (z. B. in Pausensituationen oder Unterrichtsstunden anderer Lehrkräfte), tanzt die Klasse auf den Tischen.

Nach der Pfeife tanzen

Von der Kreisklasse bis zur Champions-League – auf jedem Fußballfeld agiert in zentraler Position ein Mann (seltener auch eine Frau) in Schwarz, der von Amts wegen eine ungebrochen legitimierte Autoritätsperson ist: der Schiedsrichter. Sämtliche Spielerinnen und Spieler, die den Platz betreten, erkennen seine Amtsautorität an und verleihen ihm die Macht, das Spiel zu lenken und zu leiten. Die Grundlage der Autoritätszuschreibung an den Schiedsrichter bildet zunächst einmal die Einsicht, dass ein Spiel, das auf Konkurrenz, Wettkampf und körperlichem Einsatz beruht, nur dann funktionieren kann, wenn es ein gemeinsames Regelwerk gibt, über das eine neutrale Person zu wachen hat. Auf dieser Basis statten die Spielerinnen und Spieler einen Schiedsrichter mit Macht aus, indem sie *a priori* seine Amtsautorität anerkennen.

Und wenn der Mann in Schwarz nicht nur über Amtsautorität, sondern wie der glatzköpfige italienische Schiedsrichter Pier Luigi Collina zusätzlich auch noch über persönliche Autorität verfügt, dann tanzen sämtliche Spielerinnen und Spieler nach seiner Pfeife. Ein Schiedsrichter greift während eines Spiels dutzende Male in das Geschehen ein. Bei der überwiegenden Zahl seiner Interventionen handelt es sich um deeskalative Ermahnungen und Lenkungen. Aber bei schwerwiegenderen Regelverstößen gestehen die Akteure auf dem Platz dem Schiedsrichter sogar durchaus druckvolle Maßnahmen wie die Verteilung von gelben oder sogar roten Karten zu.

Was also, so lautet die Frage, unterscheidet den Schiedsrichter mit seinen Karten von dem Englisch-Fachlehrer in der 8. Klasse? Beide greifen, vordergründig betrachtet, auf Zwangsmittel zurück, um das jeweilige Spiel in den Griff zu bekommen:

- Der Klassenlehrer aus unserem oberen Beispiel agiert wie ein Schiedsrichter, der schon nach kleinsten Fouls hart durchgreift und die foulenden Spieler verwarnt oder sogar vom Platz stellt. Außerdem reagiert er aggressiv auf die Fouls, nimmt sie persönlich und beantwortet sie seinerseits mit entwertenden und persönlichen Angriffen gegen die Spieler. Darüber hinaus ist seine Vorgehensweise auf Grund seiner Launen und Ängste unberechenbar: Manche Fouls lässt er durchgehen, während er kurze Zeit später auf ein vergleichbares Fouls mit übertriebener Härte reagiert. Die Folge dieser Vorgehensweise: Die Spieler auf dem Feld fühlen sich persönlich angegriffen, ungerecht behandelt und missachtet. Sie nehmen ihn nicht als „Unparteiischen" sondern als Unprofessionellen war – und damit verspielt er in kurzer Zeit jegliche Autorität.
- Professionelle Schiedsrichter dagegen leiten ein Spiel durch angemessene Handlungen: Die überwiegende Anzahl ihrer Interventionen findet im niedrigschwelligen Bereich statt; und nur in Ausnahmefällen greifen sie auf das Druckmittel ihrer gelben und roten Karten zurück. Schiedsrichter agieren berechenbar und ohne persönliche Kränkungen und Entwertungen. Die Folge dieser professionellen Vorgehensweise: Die dosierte Anwendung von gelben und roten Karten führt nicht etwa zur Erosion des Machtverhältnisses, sondern im Gegenteil zu dessen Festigung – die Spielerinnen und Spieler erkennen, dass der Schiedsrichter das Spiel im Griff hat und demnach nicht nur über Amtsautorität verfügt, sondern sie verleihen ihm sogar persönliche Autorität.

Aber auch ambitionierte Schiedsrichter mit ihrem allgemein anerkannten Regelsystem im Hintergrund können nicht nur auf ihre Amtsautorität setzen, sondern brauchen die persönliche Autorität, um in ihrem Beruf bestehen zu können. Und auch sie können durch unangemessenes Handeln ihre Autorität verspielen: Bei der Fußball-Weltmeisterschaft 2012 wurde der Schiedsrichter Alberto Undiano nach einem Vorrunden-Spiel heftig kritisiert, weil er in den ersten 30 Minuten bereits 8 gelbe und eine rote Karte gezeigt hatte. Der Schiedsrichter-Kollege Kirchner sagte in einem Interview mit den Stuttgarter Nachrichten über Undiano: „Für mich war er ein Kartenspieler ohne Persönlichkeit. Er wirkte auf mich hilflos."

Unterricht ist (k)ein Spiel

Auf dem Fußballfeld ist es evident: Alle Spielerinnen und Spieler, die einen Rasen betreten, eint der gleiche „Spirit", der sich hinter dem Spiel verbirgt:

Spaß an dem Kick; Lust am Kräftemessen; individueller Erfolg und Gemeinschaftsgefühl durch Team-Playing. Der Schiedsrichter als Repräsentant des notwendigen und akzeptierten Regelwerks wird daher zunächst einmal von allen Akteuren auf dem Rasen mit einer entsprechenden Amtsautorität ausgestattet.

Aber auch das Schulwesen legitimiert seine Autorität mit einem dahinterstehenden Glaubenssystem: Für die meisten Eltern legitimiert die jeweilige Pädagogik und die Aussicht, dass ihren Kindern nach dem erfolgreichen Schulbesuch durch Bildung die Teilhabe an Gesellschaft ermöglicht wird, die Autorität der Schule und ihres Lehrkörpers. Doch für diejenigen, die das Spielfeld täglich betreten müssen, die Schülerinnen und Schüler, sieht die Sache häufig anders aus: Angesichts der Mühen, Entbehrungen und Pflichten, die mit dem täglichen Besuch der Anstalt verbunden sind, verlieren viele von ihnen im Laufe der Schuljahre den Glauben an den hinter dem System Schule liegenden Sinn: Sie betreten nicht immer freiwillig das Spielfeld. Das bedeutet: Ihre Lehrerinnen und Lehrer müssen sich ihre Position als anerkannte Sachwalter des Regelwerks im Gegensatz zu Schiedsrichtern erst einmal mühevoll erwerben. Dafür ist es unabdingbar, dass sie mit ihren Schülerinnen und Schülern das gültige Regelwerk gemeinsam sinnstiftend erarbeiten. Erst auf dieser Basis des erarbeiteten und von den Kindern und Jugendlichen weitgehend akzeptierten Regelwerks werden sie von jenen mit der Autorität ausgestattet, wie eine Art Schiedsrichter über die Einhaltung der gemeinsam erarbeiteten Regeln zu wachen.

Doch es scheint eher unwahrscheinlich, dass der skizzierte Lehrer zu Beginn ihres Unterrichts in der 8. Klasse ein Regelwerk sinnstiftend erarbeitet hat, wie es die Autoren in diesem Buch empfehlen. Ohne das grundsätzliche Einverständnis der Schülerinnen und Schüler mit dem hinter seinem Unterricht stehenden Regelsystems werden diese ihm seine gelben und roten Karten eher als Gewalt, denn als legitime Mittel zur Durchsetzung von sinnvollen Regeln auslegen.

Autorität gewährleistet Entwicklung

Für Eltern bedeutsam, für Schülerinnen und Schüler ungleich bedeutsamer ist die persönliche Autorität des Lehrers. Und auch diese hat eine Vision, für die sie steht: Ein vertrauensvolles Klima des Wachstums, des Respekts und der Anerkennung in der Klasse. Wo die Amtsautorität für ein Ideengebäude steht, basiert die persönliche Autorität auf dem Vertrauen, dass die Autoritätsperson den Schülerinnen und Schülern Sicherheit und Orientierung bietet und keinen Zwang. Amtsautorität lässt uns im besten (oder schlimmsten) Fall an Großes glauben – persönliche Autorität bietet Sicherheit im Hier und Jetzt.

Ein Schiedsrichter, der seine Amtsautorität mit persönlicher Autorität füllt, bietet den Akteuren auf dem Spielfeld die Sicherheit, dass sie ihre Ideen des Spiels verwirklichen können und dass die Partie spaßbringend, fair und verletzungsfrei verlaufen kann. Eine souveräne Lehrkraft gewährleistet, dass die Schülerinnen und Schüler bestmöglich wachsen und gedeihen können. Und sollten Schiedsrichter und Lehrperson persönliche Autorität zugeschrieben worden sein, dann erwarten die jeweiligen Akteure von ihnen sogar, dass mittlere oder gar schwere Regelverstöße dosiert, angemessen und wertschätzend sanktioniert werden:

- Ein Schiedsrichter, der nach mittleren und schweren Regelverstößen auf das Druckmittel seiner Karten zurückgreift, fördert das Spiel ebenso, wie er die Gesundheit der Spielerinnen und Spieler schützt.
- Eine Lehrperson, die massiv grenzverletzende Schülerinnen und Schüler wirkungsvoll in die Schranken zu weisen versteht, ermöglicht ein Klassenklima, in dem alle Akteure – auch die „Störer“ – bestmöglich lernen und sich entwickeln können.

Der Rückgriff auf unangemessene und entwertende Zwangsmittel führt zur Erosion von persönlicher Autorität, während angemessene und respektvolle Grenzsetzungen oder Sanktionierungen diese eher festigen.

Verkörpern statt bekleiden

Messlatte für angemessenes und respektvolles Verhalten von Autoritätspersonen, wie sie in diesem Buch verstanden werden, sind Durchsetzungsfähigkeit und Wertschätzung gegenüber der grenzverletzenden Person. Der Wertschätzungsaspekt beruht im Kern auf der Einsicht, dass kindlicher und jugendlicher Widerstand gegen Regeln grundsätzlich „lästig, aber legitim“ (S. 116 in diesem Buch) ist. Der Aspekt der Durchsetzungsfähigkeit beruht auf der Prämisse des in diesem Buch vertretenen Ansatzes: Die Lösung des Konflikts in dieser Situation besteht in regelkonformem Verhalten. Früher wurde von oben herab verordnet pariert – dem widersprechend ist die hier vertretene Position, dass die Autoritätsperson dafür verantwortlich ist, den Regelkanon der jeweiligen Institution ohne Gesichtsverlust für den Nonkonformisten durchzusetzen, denn erst wenn ein Konflikt wertschätzend und durchsetzungsstark von der Lehrperson beigelegt wird, ist gewährleistet, dass Kinder und Jugendliche keinen Gesichts- und Autoritätspersonen keinen Autoritätsverlust erleiden. Das wird möglich, indem die staatlich verliehene Rolle als Autoritätsperson persönlich ausgefüllt wird. Das Lehreramt wird dann nicht nur *bekleidet,* sondern persönlich *innegehabt* und *verkörpert*. Ist das Amtskleid zu groß, um ausgefüllt zu werden, können Ihre Schülerinnen und Schüler Ihnen Ihre Macht entziehen, denn Sie haben nur so viel Macht, wie Ihnen von Ihren Schülerinnen und Schülern eingeräumt wird.

Ohne diese Machtverleihung ist ein Lehrer einfach ein Mensch mit Lehrerlaubnis, aber keine Autoritätsperson. Eine Autoritätsperson im Sinne dieses Buches ist jemand, der von anderen vertrauensvoll dazu ernannt wurde. Und dann ist noch nicht einmal Amtskleidung nötig – wenn der Glaube an eine grundsätzlich gute, wohlwollende, kompetente Führung da ist, folgen die Jünger dem Talar, der Soutane oder den Jeans.

2 Kosten-Nutzen-Rechnung

Viel Rauch um nichts

Bevor wir deeskalative und konfrontative Lehrer-Auftritte detailliert vorstellen und analysieren werden, möchten wir anhand eines Konflikts um einen alltäglichen Regelverstoß erst einmal die Schüler-Perspektive beleuchten: Denn nur wenn wir die Ebene des möglichen Gesichtsverlustes von Schülerinnen und Schülern nach einem Regelverstoß in die Analyse von Konflikten einbeziehen, können wir die zentralen Kriterien für einen wertschätzenden Lehrerauftritt festlegen. Wir stellen zunächst das Beispiel vor:

PRAXIS

Auf sämtlichen Schulhöfen dieses Landes gibt es die Regel eines flächendeckenden Rauchverbots für alle Schülerinnen und Schüler – egal wie alt diese auch sein mögen. Aber wir haben bisher an ca. 1 000 Schulen schulinterne Lehrerfortbildungen durchgeführt und an weiterführenden Schulen nicht einen tatsächlich rauchfreien Schulhof erlebt. Der Verstoß gegen die Raucherregel ist ein weit verbreitetes Phänomen.

Besuchen wir daher eine x-beliebige weiterführende Schule und werfen einen Blick in die dortige Raucherecke. Da die Schule – ein Gymnasium – in einer guten Wohngegend mit einer „funktionierenden" Elternschaft liegt, hat man für den Fall eines Verstoßes gegen die Regel des Rauchverbots die Konsequenz verabschiedet, dass die jeweiligen Eltern benachrichtigt werden, damit diese dann auf ihre Sprösslinge sanktionierend einwirken.

In einer hinteren Ecke des Schulhofes hinter einem Gebüsch steht der 18-jährige Sven und raucht in einer Pause heimlich eine Zigarette. An seiner Körpersprache ist ablesbar, dass er Angst davor hat, entdeckt und mit der Konsequenz der Elternbenachrichtigung bedacht zu werden: Nach jedem Zug versteckt er die glimmende Zigarette hinter seinem Rücken. Und tatsächlich huschen auch einige Lehrerinnen und Lehrer gefährlich nah an der Raucherecke vorbei. Aber ihr Blick ist strikt in eine andere Richtung gerichtet. Sie haben den rauchenden Schüler zwar gesehen, wollen aber nicht riskieren, ihre wohlverdiente Pause für einen ausufernden Konflikt samt der obligatorischen Elternbenachrichtigung opfern zu müssen.

Doch plötzlich passiert das Unvermeidliche: Ein Fachlehrer sieht Sven rauchen und steuert direkt auf ihn zu. Der Schüler versucht noch, die Zigarette frühzeitig auszudrücken, doch zu spät – der Lehrer erwischt ihn *in flagranti*. Und ab jetzt geht alles seinen Gang: Svens Klassenlehrer wird vom Fachlehrer über dessen Regelverstoß unterrichtet, und dieser initiiert die schriftliche Elternbenachrichtigung.

Eine Woche später steht Sven erneut in der Raucherecke und zündet sich eine Zigarette an. Doch jetzt spricht sein Körper eine gänzlich andere Sprache als noch vor einigen Tagen: Sven steht aufrecht und unternimmt keinerlei Anstalten, seinen Glimmstängel hinter seinem Rücken zu verbergen. Was also ist vorgefallen?

Drei Tage nach dem ersten Regelverstoß lag der Brief der Schule an die Eltern in deren Briefkasten. Nach dem Öffnen hat der Vater seinem volljährigen Sohn folgende Ansprache gehalten: *„Pass mal auf, mein Junge: Haben wir früher auch gemacht. Lass dich möglichst nicht erwischen, aber die können dir gar nichts!“*

2.1 Die Kosten-Seite

Kosten sinken

Immer dann, wenn Schülerinnen und Schüler „ausnahmsweise“ oder auch prinzipiell keine intrinsische Motivation haben, die jeweilige Regel zu beachten, nehmen sie eine unbewusste Kosten-Nutzen-Rechnung vor: Die meisten Regeln werden übertreten, um sich Bedürfnisse zu erfüllen, die durch die jeweilige Regel behindert werden. Und diese Erfüllung von Bedürfnissen – der Nutzen – wird in Relation gesetzt zu den erwarteten Kosten – den möglichen Konsequenzen.

So auch Sven in unserem oben skizzierten Beispiel: Bei seinem Regelverstoß vor der Eltern-Benachrichtigung war er sich nicht sicher, wie die konkrete Rechnung für ihn aussieht. Die Kosten-Seite seiner Rechnung hatte eine unbekannte und für ihn nur schwer zu kalkulierende Größe: die tatsächliche Reaktion des Vaters auf sein Rauchen. Die Nutzen-Seite seiner Rechnung, nämlich die Bedürfnisebene, war für Sven dagegen völlig klar:

- Der Schüler erhofft sich durch die Pausen-Zigarette die Befriedigung seiner Nikotinsucht.
- Außerdem organisiert er sich mithilfe der Zigarette eine kleine Auszeit vom „System Schule“.
- Darüber hinaus verspricht er sich von dem Regelverstoß Anerkennung und Respekt vonseiten seiner Mitschülerinnen und Mitschüler. Nonkonformismus gilt in seiner Clique als cool. Folglich sorgt er dafür, dass diese sein heimliches Rauchen durchaus auch mitbekommt.

Sven hat also bei seinem ersten heimlichen Rauchen eine Kosten-Nutzen-Rechnung vorgenommen, die letztlich auf einer Unbekannten beruhte: der väterlichen Reaktion. Daher sein Wunsch, sich von den Lehrerinnen und Lehrern möglichst nicht erwischen zu lassen. Doch ein paar Tage später ist auch die Unbekannte seiner Rechnung klar: Kosten fallen wegen der väterlichen Reaktion nicht sonderlich ins Gewicht. Und der Nutzen für einen Verstoß gegen die Raucherregel ist sogar gestiegen. Denn das cool-offensive und öffentliche Rauchen bringt Sven wesentlich mehr Anerkennung seitens seiner Clique ein, als das heimliche Rauchen vor einer Woche:

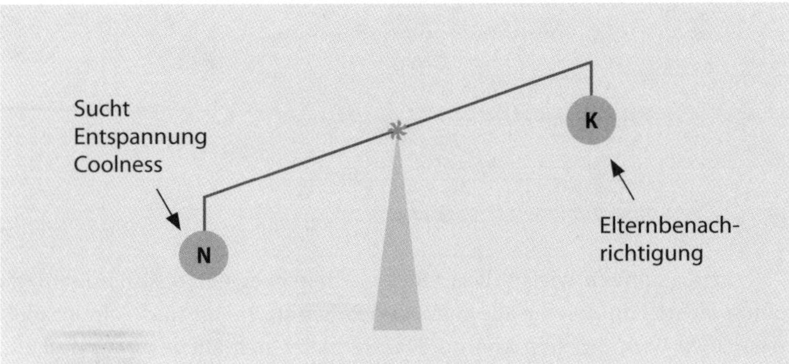

Abb. 1: Konsequenzen fallen nichts ins Gewicht

Konsequenzen müssen wehtun

Wer immer an unserem fiktiven Gymnasium dafür zuständig sein mag: Die zuständige Person oder Instanz muss in Svens Fall so lange nach einer geeigneten Konsequenz suchen, bis sich die rechte Waagschale – die der Kosten – nach unten neigt. Dafür ist es erforderlich, dass in Svens Fall von der Konsequenz der Elternbenachrichtigung abgewichen wird. Denn wenn ihm diese keine spürbaren Kosten im Vergleich zum erwarteten Nutzen verursacht, wird die Schule damit leben müssen, dass der Schüler weiterraucht. Und wir gehen einfach mal davon aus, dass es auch mithilfe zahlreicher Beratungsgespräche nicht gelingen wird, Sven von der Notwendigkeit und Sinnhaftigkeit der Raucherregel zu überzeugen.

Unterstellen wir für unser Beispiel einmal, dass Svens Klassenlehrerin weiß, wie wichtig diesem die anstehende Klassenfahrt nach Berlin ist. Die Drohung, dass er bei der nächsten Zigarette von dieser Klassenfahrt ausgeschlossen wird, könnte die Waagschale der Kosten nach rechts unten sinken lassen:

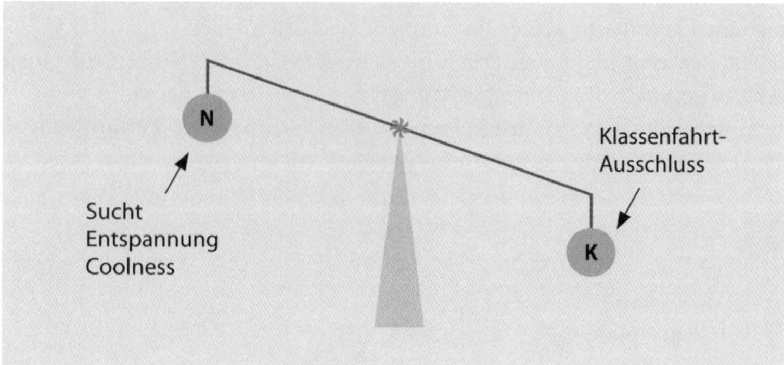

Abb. 2: Die Konsequenz wiegt schwer

Natürlich können wir an dieser Stelle keinen geeigneten Konsequenzen-Kanon aufstellen, der für alle rauchenden Schülerinnen und Schüler gleichermaßen wirksam sein könnte. Das verbietet sich allein schon deshalb, weil, wie soeben dargestellt, die Konsequenz im Einzelfall auf die jeweiligen Schülerinnen und Schüler zugeschnitten sein muss. Und ebenso versteht sich, dass die Beeinflussung der Kosten-Nutzen-Rechnung nicht das alleinige Kriterium einer Konsequenz sein darf: Konsequenzen müssen sich von Strafen unterscheiden. Das bedeutet, dass eine Konsequenz auch pädagogisch begründet sein muss. Sie sollte also so gewählt werden, dass sie in einem inhaltlichen Zusammenhang mit dem Regelverstoß steht: *„Sven, du hast durch deine wiederholten Regelverstöße gegen das Rauchverbot unter Beweis gestellt, dass man sich nicht auf dich verlassen kann. Aber genau das ist die Basis für die Teilnahme an einer Klassenfahrt in eine Großstadt: Wir müssen uns auf dich verlassen können, da wir euch nicht Tag und Nacht bewachen können. Und genau diese Vertrauensbasis sehen wir bei dir nicht gegeben, solltest du noch einmal gegen das Rauchverbot verstoßen."*

Und was wir für unser Raucherbeispiel festgelegt haben, gilt bei nicht vorhandener intrinsischer Motivation für jeden beliebigen Regelverstoß von Schülerinnen und Schülern, egal, wie alt diese sind. Auf eine Formel gebracht lautet die Gleichung:

> Aus der Sicht der Schülerinnen und Schüler muss das Leid einer Konsequenz größer sein als das Leid, auf die aktuelle Bedürfnis-Befriedigung, die sich durch den jeweiligen Regelverstoß ergibt, verzichten zu müssen. Die Kosten müssen den Nutzen überwiegen. Konsequenzen müssen weht tun.

2.2 Die Nutzen-Seite

Der Dunstkreis

Kehren wir zu Sven in seine Raucherecke zurück. Für das folgende Beispiel gehen wir von folgenden Prämissen aus:

- Sven hat keinerlei intrinsische Motivation, die Raucherregel zu befolgen. Er findet die Regel einfach nur blöd: *„Ich bin doch wohl alt genug …"*
- Der Nutzen, den er sich vom Regelverstoß verspricht, sind: Suchtbefriedigung, Entspannung und Coolness.
- Die Elternbenachrichtigung verursacht ihm keine Kosten.
- Die neue Konsequenz, nämlich der drohende Ausschluss von der Klassenfahrt nach Berlin, ist ihm noch nicht kommuniziert worden.

PRAXIS

Also steht Sven an der altbekannten Stelle inmitten seiner Clique und raucht während einer großen Pause offensiv und cool eine Zigarette. Und da seine Kumpels Angst vor der Elternbenachrichtigung haben, ist er der Einzige, der den Regelverstoß begeht.

Sein Klassenlehrer, ein strenger Pauker „alten Schlages", sieht Sven schon von weitem mit einer Zigarette in der Hand auf dem Schulhof stehen, steuert schnurstracks auf den Delinquenten zu und nimmt ihn sich gehörig zu Brust:

„Bravo Sven, du ziehst ja hier eine ganz tolle Nummer ab. Den anderen mal wieder zeigen, was für ein toller Typ du bist! Sag mal, hast du das nötig? Brauchst du eine Zigarette, um dich aufzublasen? Hast du Komplexe? Oder verstehst du das Wort Komplexe nicht? Pass auf, Bürschchen, mach ganz schnell die Zigarette aus, sonst bleibst du während der Klassenfahrt nach Berlin zu Hause. Hast du mich verstanden? Ich zähle bis drei, und dann ist die Zigarette aus. Letzte Chance: Eins …, Zwei … !"

Spannende Frage: Wird Sven die Zigarette ausmachen? Die Drohung mit der Klassenfahrt sollte ihm doch wohl genügend Kosten verursachen, denn schließlich freut er sich schon seit Monaten darauf, mit seinen Kumpels die Hauptstadt unsicher zu machen. Bevor wir versuchen, diese Frage zu beantworten, müssen wir einen kleinen Umweg gehen.

Eine Frage der Ehre

Schauen wir uns den Auftritt von Svens Klassenlehrer einmal genauer an. Es fällt auf, dass er gespickt war mit verbalen und nonverbalen Entwertungen, die allesamt auf die Person des Schülers zielten und nicht den Regelverstoß selbst thematisierten und kritisierten. Beginnen wir mit der Analyse der verbalen Verletzungen:

- Die implizite Botschaft seiner ersten Sätze lautet: „Du bläst dich auf und bist demnach ein Angeber."
- Als Begründung für diese Entwertung fügt er an, dass die Ursache von Svens großspurigen Angebereien eigentlich Minderwertigkeitsgefühle sind: „Du machst dich groß, weil du klein bist. Du hast Komplexe."
- Danach folgt der nächste Seitenhieb: „Das Wort ‚Komplexe' verstehst du nicht, weil es ein Fremdwort ist und du zu blöd bist."
- Er nennt Sven „Bürschchen" und erniedrigt ihn dadurch erneut.
- Und zu guter Letzt zählt er seinen Schüler an wie einen Preisboxer.

Doch damit nicht genug: Auch die Körpersprache des Lehrers war gespickt mit Entwertungen und Erniedrigungen:

- Der Lehrer geht bereits mit einem höhnischen Grinsen auf Sven zu.
- Den Satz *„Bravo Sven, du ziehst ja hier mal wieder eine ganz tolle Nummer ab"* unterstreicht er mit einem höhnischen Klatschen.
- Und auch in den folgenden Sätzen schwingt immer ein zynischer und verächtlicher Unterton mit.
- Schließlich kann man beobachten, dass der Lehrer seinen Schüler während des ganzen Konflikts von oben herab behandelt. Er kommuniziert aus einem durchgehenden Hoch-Status heraus und sendet Sven dadurch die implizite Botschaft: „Ich bin groß und du bist klein." Der Lehrer etabliert durch seinen Hoch-Status eine steile Hierarchie und kanzelt den Schüler ab.

Zusammenfassend können wir feststellen, dass der Lehrer seine Angriffe auf die Person des Schülers sowohl verbal als auch nonverbal zum Ausdruck gebracht hat. Der Auftritt war gespickt mit entwertenden expliziten wie impliziten Botschaften, die den Konflikt haben kippen lassen:

> Sven fühlt sich vor den Augen seiner Mitschüler in seinem Selbstwert massiv angegriffen und kämpft in dem Konflikt demnach nicht mehr primär um seine Zigarette, sondern um sein Gesicht und seine Ehre.

Hopp oder Top

Die wahrscheinliche Fortsetzung in dem Konflikt wird daher sein, dass sich Sven dem Druck des Lehrers nicht beugt und seine Zigarette provokativ zu Ende raucht. Der Lehrer wird dann nach der Nennung der Zahl *„Drei"* folgende Drohung ausstoßen:

„So mein Lieber, das war's jetzt mit der Klassenfahrt."
„Pfff, mir doch egal."

Was ist passiert? Wieso riskiert Sven den Ausschluss von der Klassenfahrt? Die einfache Antwort lautet: Der Nutzen ist aus Svens Sicht dramatisch gestiegen – und dagegen verblasst selbst die Konsequenz des Ausschlusses von der Klassenfahrt. Denn wie wir oben bereits dargelegt haben, kämpft Sven nach den entwertenden Angriffen seines Klassenlehrers primär nicht mehr um seine Zigarette, sondern um sein Gesicht, seine Ehre, seine Coolness und seinen Selbst- und Fremdwert. Für ihn sieht die Kosten-Nutzen-Rechnung ab jetzt so aus:

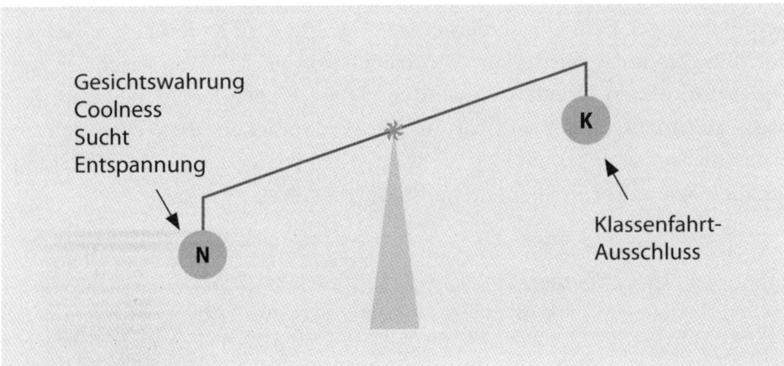

Abb. 3: Gesichtswahrung statt Klassenfahrt

Sven vermeidet mit dem Weiterrauchen nicht nur einen drohenden Gesichtsverlust, sondern er erreicht durch seine konsequente Weigerung, dass seine Coolness innerhalb weniger Sekunden ins Unermessliche steigt: Die Pause ist noch nicht zu Ende, da weiß die ganze Schule schon Bescheid, was er für ein cooler Typ ist. Und für diesen Nutzen riskiert er sogar den Ausschluss von der Klassenfahrt.

Aber spielen wir auch die zweite Variante durch, nämlich dass Sven sich der Drohkulisse beugt und im vorauseilenden Gehorsam vor der Zahl „*Drei*“ die Zigarette auf den Boden wirft und austritt:

„Ja, ist ja schon gut. Ich habe sie ja ausgemacht.“

„Okay, mein Freund. Jetzt weißt du Bescheid: Bei der nächsten Zigarette ist die Klassenfahrt gestrichen. Haben wir uns verstanden?“

„Ja, hab ich kapiert …“

Geschafft? Der Lehrer hat in dem Konflikt gewonnen. Offensichtlich war das Drohpotenzial ausreichend, um die Kosten-Nutzen-Rechnung so zu beeinflussen, dass Sven sich dem Druck beugt und auf die Zigarette in der

Pause auch weiterhin verzichtet. Aber dieser Sieg des Lehrers ist ein Pyrrhus-Sieg: Sven macht nicht nur die Zigarette aus, sondern verliert mit dem Ausmachen der Zigarette sein Gesicht. Er ist vor seinen Kumpels vom Klassenlehrer erniedrigt und gedemütigt worden. Und mit dem Austreten der Zigarette vor der Zahl „*Drei*“ beugt er sich nicht nur dem Druck des Lehrers, sondern offenbart sich am Ende des Kampfes als offenkundiger Verlierer – und sieht sich selbst als „Looser“.

Wie wird Sven mit der Niederlage und dem damit verbundenen Gesichtsverlust umgehen? Wie sieht die künftige Beziehung zwischen ihm und seinem Bezwinger, dem Klassenlehrer, aus? Wohin wird er den Druck richten, der ihm durch die Niederlage verursacht worden ist? Wen macht er zum Opfer, um diesen Druck loszuwerden? Diese Fragen lassen sich natürlich nicht allgemeingültig beantworten. Sie verdeutlichen aber, dass sich der Klassenlehrer über seinen Sieg nicht ernsthaft freuen kann. Der Kollateralschaden, wie es verniedlichend heißt, dürfte viel zu groß sein.

> Mutieren Konflikte um Regelverstöße zu Kämpfen, dann gibt es unabhängig vom Ausgang der Auseinandersetzung zwei Verlierer: Die positive Beziehung zwischen Lehrer und Schüler nimmt Schaden – und dadurch verlieren beide Parteien.

2.3 Wertschätzend durchsetzen

Durchsetzungsfähigkeit und Wertschätzung

Aus dem Fallbeispiel um das Rauchverbot lassen sich zwei Schlüsse ziehen, die allgemeingültig sind und sich auf sämtliche Regelverstöße übertragen lassen – und zwar unabhängig vom Alter der Schülerinnen und Schüler.

- Es ist, wie oben dargelegt, schon schwer genug, für den Fall der Nicht-Beachtung von Regeln geeignete Konsequenzen zu finden. Nicht nur, dass sich die Kosten-Nutzen-Waage zur Seite der Konsequenzen neigen muss, die Konsequenzen sollten sich auch noch von Strafen unterscheiden.
- Wenn dann gewährleistet ist, dass die jeweils gefundene Konsequenz diesen beiden Anforderungen auch tatsächlich genügt, dann stehen die für die Einhaltung von Regeln zuständigen Lehrerinnen und Lehrer vor einer neuen Herausforderung: Sie müssen ihren Auftritt so gestalten, dass er **frei ist von verbalen oder nonverbalen Entwertungen**, Verletzungen und Herabsetzungen des Schülers. Ansonsten, und das zeigt das Beispiel des Auftritts des Klassenlehrers, besteht die große Gefahr, dass

sich in dem Konflikt um den jeweiligen Regelverstoß die Kosten-Nutzen-Waage zugunsten des Nutzens neigt.

Mit jedem Angriff auf die Person einer regelverletzenden Schülerin oder eines Schülers kommt ein dickes Pfund Nutzen in die Waagschale der Kosten-Nutzen-Rechnung, das durch kaum eine Konsequenz aufgewogen werden kann: Gesichtsverlust. Um dieses Pfund auf der Kosten-Seite wieder auszugleichen, müsste die Konsequenz unangemessen hart ausfallen.

Daraus ergibt sich die Messlatte, an der sich jede Intervention von Lehrerinnen und Lehrern nach Regelverstößen messen lassen muss:

> Der Lehrerauftritt nach Regelverstößen und Grenzverletzungen muss frei sein von verbalen und nonverbalen Angriffen und die beiden Pole der Durchsetzungsfähigkeit und Wertschätzung miteinander verbinden, damit Schülerinnen und Schüler nicht in unangemessene und völlig überzogene Konsequenzen hineingetrieben werden.

Persönliche Autorität statt Konsequenz

In den bisherigen Kapiteln war viel von Konsequenzen die Rede. Das könnte suggerieren, dass wir stark auf dieses abschreckende Instrument der Disziplinierung setzen, um regelkonformes Verhalten seitens der Schülerinnen und Schüler zu erzwingen. Doch das Gegenteil ist der Fall: Wir werden zeigen, dass der Schwerpunkt des eigenen Lehrerverhaltens nach Regelverstößen diesseits der Konsequenz-Ebene liegen sollte. Die Konsequenz ist das letzte Mittel der Wahl – nicht das erste.

Daher werden wir die Ebene der Konsequenzen in den folgenden Kapiteln nur noch am Rande streifen. Die Fragestellung für die kommenden Abschnitte lautet also: Wie können Lehrerinnen und Lehrer nach Regelverstößen agieren, damit die Konsequenz-Ebene so selten wie möglich betreten werden muss? Diese Schwerpunktsetzung erfolgt aus vier Gründen:

1. Wer allzu eilfertig in Konflikten nach Regelverstößen auf die Konsequenz-Ebene wechselt, verspielt die eigene persönliche Autorität. Die inflationäre Verhängung von Konsequenzen ist ein **pädagogischer Offenbarungs-Eid**.
2. Der Übergang auf die Konsequenz-Ebene kostet in der Regel **Zeit, Energie und Kraft** der betroffenen Lehrerinnen und Lehrer: Die geeignete Konsequenz muss sorgfältig nach Kosten-Nutzen- und nach pädagogischen Kriterien ausgewählt werden. Häufig müssen für die Auswahl und Abstimmung einer geeigneten Konsequenz andere Instanzen

(z. B. Schulleitung, Klassenlehrer, Abteilungsleitung, Eltern) hinzugezogen werden. Und letztlich muss auch die Umsetzung der Konsequenz seitens der Schülerinnen und Schüler betreut, zumindest aber kontrolliert werden.

3. Der Lehrerauftritt nach Regelverstößen ist eine Ressource, die unmittelbar mit der Persönlichkeit des Lehrers (= persönliche Autorität) zu tun hat. Sie ist die Summe der Fertigkeiten, Fähigkeiten und inneren Haltungen einer Lehrkraft, über die sie in einem Konflikt direkt und ohne äußere Mittel verfügen kann. Die Konsequenz dagegen ist die **Anwendung von äußeren Druckmitteln**, die außerhalb der Person des Lehrers oder der Lehrerin liegen.
4. Der Rückgriff auf die Konsequenzen (= äußerer Druck) kommt einer **Verschärfung eines Konflikts** gleich und birgt die Gefahr der **Gefährdung der Beziehungsebene** zwischen Schüler und Lehrer.

Aus diesen Gründen werden wir den Lehrerauftritt nach Regelverstößen diesseits der Konsequenz-Ebene in den Fokus unserer Betrachtung rücken. Wir möchten Ihnen in den nächsten Kapiteln Hilfestellungen und Kriterien an die Hand geben, wie Sie nach Regelverstößen und Grenzverletzungen konsequent und wertschätzend zugleich auftreten können.

> Jeder diesseits der Konsequenz-Ebene bewältigte Konflikt nach einem Regelverstoß oder einer Grenzverletzung spart Zeit und Kraft, festigt die persönliche Autorität und wahrt die Beziehungs-Ebene.

3 Deeskalation

Definition des Begriffs

Beginnen wir dieses Kapitel mit dem Versuch, den diffusen Begriff der Deeskalation einmal zu definieren:

> Deeskalation ist die Gestaltung des Lehrerauftritts, der es den regel- und grenzverletzenden Schülerinnen und Schülern erleichtern soll, das von ihnen erwartete Verhalten zu zeigen, ohne dass sie dadurch ihr Gesicht verlieren.

Diese Definition ist zugegebenermaßen etwas sperrig und bedarf einiger Erläuterungen:

1. Zunächst einmal ist deutlich, dass es sich nicht um eine allgemeingültige Definition von Deeskalation handelt, die auf sämtliche beruflichen oder privaten Konflikte angewendet werden kann. Wir beziehen sie ausdrücklich auf einen **pädagogischen Kontext**, in dem es um Regelverstöße oder Grenzverletzungen seitens der Kinder und Jugendlichen geht. Sie können das Wort „Lehrerauftritt" aber auch ersetzen durch Elternauftritt, Sozialpädagogenauftritt usw.
2. Durch die Bezeichnung **Auftritt** möchten wir darauf hinweisen, dass wir uns nicht auf die Analyse der verbalen Äußerungen beschränken, sondern auch die Betrachtung der nonverbalen Botschaften einbeziehen werden. Unter Auftritt verstehen wir die Gesamtheit unserer expliziten wie impliziten Botschaften.
3. Für einen deeskalativen Auftritt gibt es **keine Erfolgsgarantie**. Sind Schülerinnen und Schüler „auf Krawall gebürstet", dann können trotz Deeskalations-Strategie seitens der Pädagogen Konflikte zumindest einseitig eskalieren. Diese Einschränkung soll durch das Wort „erleichtern" zum Ausdruck gebracht werden.
4. Der Begriff „das erwartete Verhalten" verweist auf die innere Haltung der Lehrerinnen und Lehrer, auf deren Grundlage sie ihren Auftritt gestalten. Eine Erwartung basiert, im Gegensatz zu einer Bitte, auf einer **Vorgesetztenposition**. Wer mit der inneren Haltung einer Erwartung in einen Konflikt mit einer regelverletzenden Person hineingeht, ist sich seiner Vorgesetztenposition bewusst, kommuniziert hierarchisch und behält sich vor, bei fortgesetzter Nicht-Beachtung der Regel seitens der Schülerinnen oder Schüler auf die Konsequenz-Ebene zu wechseln.

Und genau hierin unterscheidet sich die Bitte von einer Erwartung: Die Wesensmerkmale einer Bitte sind die prinzipielle Partnerschaftlichkeit der Akteure und die prinzipielle Freiwilligkeit der Umsetzung. Auf eine Bitte dürfen im Falle der Nicht-Befolgung keine Konsequenzen irgendwelcher Art folgen. Sonst war es keine Bitte, sondern eine verkappte Erwartung – nämlich eine höflich formulierte Erwartung. Diese Differenzierung soll aber auf gar keinen Fall implizieren, dass man als Lehrerin oder Lehrer nach Regelverstößen das Wort „Bitte" nicht verwenden sollte. Wir unterscheiden auch im Folgenden strikt zwischen innerer Haltung und Formulierung (s. u.).

Übertragen auf unser Praxisbeispiel von Svens Rauchen vor seinen Kumpels bedeutet Deeskalation, dass durch den Lehrerauftritt zwei Pole miteinander verbunden werden müssen:

- **Durchsetzungsfähigkeit:** Das unmittelbare Ziel der Lehrerintervention muss sein, dass Sven seine Zigarette ausmacht.
- **Wertschätzung:** Darüber hinaus muss gewährleistet sein, dass Sven mit dem Ausmachen seiner Zigarette nicht auch noch sein Gesicht verliert.

Hinzu kommt noch ein weiteres Erfordernis:

> Ein deeskalativer Auftritt darf nicht allzu lange dauern. Denn Regelverstöße und Grenzverletzungen finden meistens in einem Kontext statt, in dem die beteiligten Lehrerinnen und Lehrer unter Zeitdruck stehen: Unterricht oder Pausensituationen.

Wir werden in den kommenden Kapiteln zwischen zwei Phasen der Deeskalation unterscheiden:

1. **Präventive Deeskalation:** Die Phase der präventiven Deeskalation nach einem leichten Regelverstoß umfasst nur wenige Sekunden. Es handelt es sich um die erste Ansprache einer Lehrerin oder eines Lehrers an die regelverletzende Person. Mithilfe dieser präventiven Deeskalation gelingt es, so werden wir zeigen, einen großen Teil der leichten Regelverstöße zu bewältigen, ohne dass es zu nennenswerten Konflikten mit den regelverletzenden Schülerinnen oder Schülern kommt.
2. **Aktive Deeskalation:** Die Phase der aktiven Deeskalation schließt sich an die präventive Deeskalation immer dann an, wenn auf die erste Ansprache seitens der Lehrerin oder des Lehrers die regelverletzenden Personen mit einem „Nö, mach ich nicht" reagieren. Die aktive Deeskalation sollte im schulischen Kontext nicht länger als 30–40 Sekunden dauern.

Und natürlich werden wir Ihnen Möglichkeiten vorstellen, wie Sie auch nach gescheiterter präventiver und aktiver Deeskalation weiter verfahren können. Denn auch dann gibt es als Alternative zur Ebene der Konsequenzen weitere deeskalative Möglichkeiten, einen Konflikt erfolgreich zu bewältigen.

3.1 Präventive Deeskalation

Ein Bücken ist ein Bücken ist ein Bücken …

PRAXIS

Ein 15-jähriger Schüler, nennen wir ihn Tobias, geht über den Flur einer weiterführenden Schule und hält eine leere Trinkpackung in seiner Hand. Als er an einem Papierkorb vorbeikommt, versucht er, die Packung hineinzuwerfen. Allerdings trifft er nur den Rand des Papierkorbs und die Trinkpackung landet auf dem Fußboden. Nach kurzem Zögern geht er weiter, ohne Anstalten zu machen, sich zu bücken und den Fehlwurf zu korrigieren. Doch genau in diesem Moment kommt ihm eine Lehrerin entgegen, die den Wurf des Schülers gesehen hat. Bei Frau Müller, so der Name der Lehrerin, hat Tobias Englisch. Die Wege von Tobias und seiner Lehrerin kreuzen sich ca. zwei Meter vom Papierkorb entfernt.

Wichtig zu erwähnen:

- Tobias wollte die Trinkflasche ordnungsgemäß entsorgen, trifft aber aus Versehen daneben.
- Anschließend geht er weiter, weil er es „uncool“ findet, sich nach einer leeren Packung zu bücken. Außerdem stört ihn der Müll neben dem Papierkorb auch nicht sonderlich.
- Erst nach dem misslungenen Wurf sieht er seine entgegenkommende Fachlehrerin. Ihm ist also klar, dass Frau Müller seinen Fehlwurf gesehen haben muss.
- Das Verhältnis zwischen Tobias und Frau Müller ist okay: Es gibt keine grundsätzlichen Störungen.
- Es sind keine weiteren Schülerinnen und Schüler auf dem Flur anwesend.
- Tobias ist kein einfacher Schüler. Schon seit seiner Grundschulzeit gilt er als aggressiv, streitsüchtig und verhaltensauffällig. Um seinen Selbstwert ist es nicht zum Besten bestellt, was dazu führt, dass er sich immer gern zum „King“ der Klasse machen möchte. Auf Kritik oder Zurechtweisungen reagiert er bisweilen sehr scharf und aggressiv. Schnell hat er das Gefühl, dass seine Mitschüler oder auch Lehrerinnen und Lehrer es auf

ihn abgesehen haben könnten: *„Immer ich!“* Viele Verhaltensweisen anderer Menschen interpretiert er daher als gegen sich gerichtet.

Das bedeutet für unser Beispiel: Eine ungeschickt gewählte Formulierung seitens der Lehrerin, ein zu lang gehaltener Blick, ein unangemessener Tonfall in der Stimme – und schon kann der Konflikt kippen und eskalieren, weil Tobias glaubt, sich nicht mehr ohne Gesichtsverlust bücken zu können: *„Ich war das doch gar nicht. Sie haben mir gar nichts zu sagen. Die anderen schmeißen auch immer was hin und müssen es nicht aufheben …“*

Sie sehen, wir haben die Latte für die Lehrerin hoch gehängt. Sie steht angesichts des explosiven Potenzials von Tobias vor einer großen Schwierigkeit: Die Trinkpackung muss in den Papierkorb, ohne dass Tobias das Gefühl entwickeln könnte, das dafür notwendige Bücken sei ein Gesichtsverlust, eine Erniedrigung, eine Beschämung oder eine Unterwerfung. Und gleichzeitig gibt es für die Lehrerin keinerlei Garantie, dass die Deeskalation auch tatsächlich funktioniert. Sie kann lediglich ihren Teil der Verantwortung übernehmen, der darin besteht, ihren Auftritt so zu gestalten, dass die Verknüpfung „Bücken = Erniedrigung“ in Tobias Kopf möglichst nicht entsteht.

Der Begriff **Präventive Deeskalations-Techniken** verdeutlicht, was mithilfe dieser Techniken verfolgt werden soll: Es geht um die Vermeidung / Prävention von Konflikten. Denn zunächst einmal handelt es sich bei dem Fehlwurf von Tobias noch nicht um einen Konflikt, sondern lediglich um einen leichten Regelverstoß. Der Konflikt entsteht also weder durch den Fehlwurf des Schülers noch durch die erste deeskalative Ansprache seitens der Lehrerin. Ein Konflikt würde erst durch das anschließende *„Nö, mach ich nicht!“* von Tobias entstehen. Und genau diesen Konflikt gilt es durch die Anwendung von präventiven Deeskalations-Techniken zu verhindern.

Die Chancen, dass die Prävention gelingen und ein *„Nö, mach ich nicht!“* erfolgreich vermieden werden kann, sind immer dann geben, wenn zwei Voraussetzungen erfüllt sind:

1. Der Auftritt der Lehrperson genügt allen Kriterien von Deeskalation (s. u.).
2. Die betroffenen Schülerinnen und Schüler sind in der Situation des Regelverstoßes nicht „auf Krawall gebürstet“. Und genau das setzen wir – zunächst – in diesem Fall auch voraus: Tobias trifft unabsichtlich daneben und möchte aktuell auch keinen Ärger haben.

Wir werden in den nächsten Abschnitten anhand dieses einfachen Beispiels eines leichten Regelverstoßes zunächst die Vielzahl der präventiven Deeskalations-Techniken vorstellen und sie zum Zweck der Übersichtlichkeit in fünf Kategorien unterteilen:

- Beziehungsebene gestalten
- Wertschätzung praktizieren
- Gegnerschaft vermeiden
- Grad der Öffentlichkeit reduzieren
- Führungsstatus absenken

3.1.1 Beziehungsebene gestalten

Begrüßung – Freundlichkeit – Namensnennung

Die Lehrerin spricht Tobias nach dessen Fehlwurf freundlich an: „*Hallo Tobias, grüß dich. Heb' doch bitte kurz deine Trinkpackung auf, okay?*" In dieser kurzen Ansprache hat die Lehrerin gleich mehrere präventive Deeskalations-Techniken verwendet, die auf der Beziehungsebene angesiedelt sind: Sie beginnt mit der Namensnennung des Schülers und grüßt ihn anschließend. Dadurch stellt sie direkt einen persönlichen und verbindlichen Kontakt zu Tobias her. Und auch mit ihrem *freund*-lichen Ton in der Stimme und ihrem freundlichen Gesichtsausdruck macht sie eine wichtige Beziehungsaussage: Ich behandle dich hier als meinen Freund, und nicht als meinen Feind.

Namensnennung, Gruß und Freundlichkeit erscheinen so banal, dass sie von vielen Lehrerinnen und Lehrern in unseren Konflikt-Trainings gar nicht als Deeskalations-Techniken angesehen werden. Und doch sind sie elementare Mittel einer deeskalativen Vorgehensweise.

Nähe deeskaliert

Fassen wir kurz die Mittel zusammen, über die die Beziehungsebene gestaltet wird, und die es erleichtern, zu der regelverletzenden Person eine emotionale Nähe aufzubauen:

- Begrüßung
- Freundlichkeit
- Namensnennung / persönliche Ansprache

Erleichtert wird das Herstellen von Nähe natürlich dann, wenn die jeweiligen Lehrerinnen und Lehrer die regelverletzenden Personen persönlich kennen. Aber auch zu unbekannten Schülerinnen und Schülern lässt sich eine Nähe aufbauen:

„Hallo, ich bin Herr Schulze. Und wie heißt du?“

„Tobias, warum.“

„Ich wollte dich nur bitten, deine Trinkpackung eben wegzuräumen. Danke.“

Und auch die Mittel der (professionellen) Freundlichkeit und der Begrüßung lassen sich universell einsetzen, ohne die regelverletzende Person zu kennen:

„Hallo. Eine Bitte: Wirf' doch eben die Trinkflasche in den Papierkorb – okay?“

Abschließend möchten wir noch erläutern, warum die Gestaltung der Beziehungsebene, also das Herstellen von emotionaler Nähe, eine der fünf Säulen der Deeskalation von Konflikten darstellt. Schauen wir uns als Kontrast an, wie die Beziehungsebene aussieht, wenn Konflikte eskalieren und Formen eines Kampfes annehmen: In einem Kampf begegnen sich Feinde, zwischen denen eine große emotionale Distanz besteht. Der Gegner wird gesehen als Idiot, Macker, Schurke, Macho, Fanatiker, Rassist usw. Die emotionale Distanz zum Kontrahenten in *Auseinander*-Setzungen (!) soll uns schützen vor Mitleid, Schuldgefühlen und vor Beiß- bzw. Tötungshemmung.

> Je näher sich Personen emotional stehen, desto ausgeprägter ist die wechselseitige Beißhemmung – emotionale Nähe deeskaliert.

3.1.2 Wertschätzung praktizieren

Lob – Versehen – Bitte – Sinnstiftung

Die zweite Säule der präventiven Deeskalation ist die Aufwertung der Person. Und auch hier gibt es einige Mittel und Techniken, wie man Schülerinnen und Schüler nach Regelverstößen wertschätzend ansprechen und dadurch Konflikte vermeiden kann:

„Tobias, du bist doch ein guter Basketballer. Wirf doch bitte deine Trinkflasche in den Papierkorb.“

Oder:

„Tobias, was ist los? Du bist doch sonst immer so ordentlich. Komm, wirf bitte deinen Abfall in den Papierkorb.“

Der Schüler als Person ist gelobt worden, während sein Verhalten indirekt kritisiert wurde. Jede Form von direktem oder indirektem Lob ist demnach ein Instrument der Aufwertung.

Eine weitere Form der Aufwertung einer Person kann darin bestehen, die Absicht aus dem Vorgang herauszunehmen:

Statt: *„Tobias, du hast gerade deinen Abfall neben den Papierkorb geschmissen.“*

Besser: *„Tobias, du hast gerade deine Trinkflasche verloren. Wirf sie doch bitte eben in den Papierkorb.“*

Es handelt sich bei dem Ausdruck „verloren“ um eine wohlwollende Auslegung des Regelverstoßes. Aber auch der Ausdruck „geschmissen“ ist eine bewertende Interpretation von Tobias Handlung. Im ersten Beispiel ist die Auslegung wertschätzend (= Versehen/Irrtum), im zweiten Beispiel abwertend (= Absicht/Provokation). Und Tobias wird es mit Sicherheit weniger Gesichtsverlust verursachen, ein Versehen zu korrigieren, als durch sein Bücken das Scheitern einer ihm unterstellten absichtlichen Provokation einzugestehen.

Ist Ihnen aufgefallen, dass bisher sämtliche Lehrerinnen und Lehrer Tobias gebeten haben, die Trinkflasche aufzuheben? Auch bei der Formulierung einer Bitte handelt es sich um deeskalative Techniken:

„Tobias, wirf bitte deine Trinkflasche in den Papierkorb.“

Mit der Formulierung einer Bitte begeben wir uns nicht in Widerspruch zu dem, was wir im letzten Kapitel festgestellt haben: Eine Lehrerin oder ein Lehrer gehen als Vorgesetzte, und damit der inneren Haltung einer Erwartung, in einen Regelverstoß hinein. Wir trennen ausdrücklich zwischen innerer Haltung (= Erwartung) und äußerem Verhalten (= Formulierung einer Bitte): Eine Bitte statt einer Erwartung zu formulieren ist eine indirekte Form von Wertschätzung und erleichtert es einer regelverletzenden Person, die von ihr erwartete Handlung ohne Gesichtsverlust durchzuführen.

Kontrastieren wir doch einfach die höflich-bittenden mit der direkten und „unhöflichen“ Formulierung einer Erwartung. Stellen Sie sich diese höflich-bittende Erwartung mit einer freundlichen, aber festen Stimme vor – und nicht bittend-bettelnd-weinerlich:

„Tobias, komm, wirf doch bitte deine Trinkflasche in den Papierkorb.“

Als Gegenüberstellung die „unhöfliche“ Formulierung einer Erwartung in einem streng-sachlichen Ton:

„Tobias, ich erwarte von dir, dass du deine Trinkflasche in den Papierkorb wirfst.“

Wir behaupten, dass es Tobias im ersten Fall weniger Probleme bereiten wird, sich zu bücken, als im zweiten.

In manchen pädagogischen Ratgebern finden Sie den Hinweis, dass die Formulierung einer Bitte nach einem Regelverstoß die Autorität schwächt, indem sie den Lehrer oder die Lehrerin in die Position eines Bittstellers katapultiere. Wir haben eine deutlich andere Position: Wenn das Wort „Bitte“ aus einer klaren Erwartungshaltung heraus formuliert wird, wird es genau die Mischung aus Festigkeit und Wertschätzung im Ton haben, die einerseits die Lehrerautorität unterstreicht und andererseits der regelverletzenden Person Wertschätzung entgegenbringt.

Ähnlich verhält es sich mit dem Wort „Danke“ nach der Korrektur des Regelverstoßes seitens des Schülers:

„Tobias, hebst du bitte eben deine Trinkflasche auf?“

„Ja, mach' ich ja schon.“

„Danke.“

Das Wort „Danke“ vermittelt Wertschätzung, ohne damit die Pflicht des Schülers infrage zu stellen, sein Verhalten zu ändern, oder die Lehrerautorität zu untergraben.

Es gibt noch weitere Möglichkeiten der (indirekten) Aufwertung nach einem leichten Regelverstoß:

„Tobias, du hast gerade deine Trinkflasche verloren. Du weißt doch, wie viel der Putzdienst immer zu tun hat.“

Die Lehrerin hat dem Schüler nicht nur ein Versehen unterstellt, sondern gleichzeitig den Hintergrund der Regel mit einem kurzen sinnstiftenden Satz erläutert.

Weitere Möglichkeiten einer kurzen Sinnstiftung wären:

„Tobias, wir wollen doch einen sauberen Schulhof haben. Bitte wirf deine Trinkflasche eben in den Papierkorb.“

Oder aber:

„Tobias, du weißt doch, wie schnell die kleineren Schüler den größeren etwas nachmachen. Und dann haben wir wieder einen zugemüllten Schulhof. Sei doch bitte Vorbild …“

Aufwertung deeskaliert

Fassen wir die Möglichkeiten der direkten wie indirekten Aufwertung der Person als Mittel der Vermeidung von Konflikten nach Regelstößen kurz zusammen:

- Lob
- Absichtslosigkeit unterstellen
- Bitte statt Erwartung formulieren
- Dank aussprechen
- Kurze Sinnstiftung

Abschließend wollen wir das Element der Aufwertung als zweite Säule der präventiven Deeskalation in einen übergeordneten Kontext stellen. In heftigen Auseinandersetzungen sind unsere Worte und Handlungen gespickt mit entwertenden Elementen: Wir be*leid*igen, verunglimpfen und beschimpfen; wir stellen die Kompetenz unseres Kontrahenten infrage; wir kritisieren das Verhalten; wir machen abschätzige Bemerkungen und Vor-*Würfe*; wir werfen vernichtende Blicke; wir belächeln oder verlachen unser Gegenüber oder machen wegwerfende Handbewegungen. Die Gemeinsamkeit all dieser Verhaltensweisen ist, dass sie den Kontrahenten entwerten und verletzen sollen. Innerhalb eines eskalierten Konflikts, der Formen eines Kampfes angenommen hat, versuchen wir, unseren Gegner zu besiegen, indem wir ihn verletzen, kleinmachen und abwerten.

Doch das Ziel der Deeskalation ist die Vermeidung von Eskalation und Kampf. Und folgerichtig würde jede verbale wie nonverbale Entwertung des Gegenübers das Ziel einer Deeskalation konterkarieren.

Mit den Mitteln der Aufwertung sendet eine deeskalierende Person die wichtige Botschaft an den Konfliktpartner: An meinen wertschätzenden Handlungen kannst du erkennen, dass ich dich nicht – wie in einem Kampf – klein machen will. Ich schätze dich als Person und kritisiere lediglich dein momentanes Verhalten.

3.1.3 Gegnerschaft vermeiden

Spiel – Sport – Humor

Die dritte Säule der präventiven Deeskalation ist die Vermeidung jeglicher Anzeichen, die in Tobias den Verdacht aufkommen lassen könnten, als Gegner oder gar „Straftäter" gesehen und behandelt zu werden. Auch hier gibt es einige Techniken, deren Anwendung helfen kann, diese Verdachtsmomente zu zerstreuen:

„Tobias, der Wurf war leider daneben. Zwei Schuss hast du noch – aber dann muss die Flasche auch drin sein."

Oder:

„Tobias, jeder von uns hat einen Wurf. Wer's als Erster schafft, hat gewonnen. Du fängst an."

Die Lehrerin hat versucht, die Gegnerschaft dadurch zu vermeiden, dass sie den potenziellen Konflikt in eine Situation verwandelt, in der beide Akteure **gemeinsam** einen Sport ausüben bzw. ein Spiel spielen. Und Gemeinsamkeit unterläuft das Gefühl von Gegnerschaft.

Natürlich durchschaut Tobias, dass es sich bei der Umdefinition eines Regelverstoßes in einen Sport oder ein Spiel um ein Deeskalations-Angebot handelt. Er wird also nicht ernsthaft in den Wettbewerb einsteigen. Aber das Durchschauen eines Deeskalations-Angebotes seitens des Schülers spricht nicht etwa gegen, sondern eher für dessen Wirksamkeit. Denn es ist doch das erklärte Ziel der Anwendung von präventiven Deeskalationsmitteln, dass Tobias erkennen soll, dass er von der Lehrerin nicht als Gegner behandelt wird.

Eine weitere Deeskalationstechnik zur Vermeidung von Gegnerschaft ist Humor:

„Mensch, Tobias, wenn du noch ein paar Sekunden mit deinem Fehlwurf gewartet hättest, hätte ich es nicht gesehen. Aber leider Pech gehabt. Komm, wirf deine Trinkflasche bitte eben in den Papierkorb."

Oder:

„Tobias, dumm gelaufen: Seit gestern habe ich neue Kontaktlinsen – ich hab's gesehen. Komm …"

Die deeskalative Wirkung von Humor besteht darin, dass Schüler und Lehrerin gemeinsam über die Situation bzw. den Witz lachen. Natürlich ist der Pfad zwischen Humor und Ironie schmal: Stellen Sie sich die beiden humorvollen Sätze der Lehrerin mit einem leicht ironischen Unterton vor – und der Konflikt kippt, weil sich der Schüler herabgestuft fühlt.

Die Unterscheidung zwischen Humor einerseits und Ironie, Sarkasmus oder Zynismus andererseits ist im Prinzip relativ eindeutig: Das Ziel von Humor ist, **mit** dem Gegenüber gemeinsam zu lachen; das Ziel von Ironie, Sarkasmus und Zynismus ist es, **über** das Gegenüber zu lachen. Der Unterschied ist demnach in der inneren Haltung der Person begründet, die den Witz bzw. die ironische Bemerkung macht: Die Intention einer humorvollen Bemerkung ist das Verbindende und die Augenhöhe, die Intention einer ironischen, sarkastischen oder zynischen Bemerkung ist das Trennende und Herabsetzende. Und in der Regel können wir darauf vertrauen, dass die Intention einer Handlung sich auch in der Stimme und der Körpersprache ausdrückt.

> Humor ist ein wunderbares Mittel, um Situationen präventiv zu entschärfen, indem eine gemeinsame Ebene hergestellt und Gegnerschaft vermieden wird.

Angulare Kommunikation

Es gibt in der Umgangssprache zwei Formulierungen, die die Gegnerschaft in einem Konflikt zum Ausdruck bringen: *„Sich einen Schüler zur Brust nehmen"* und *„Sich eine Schülerin mal ordentlich vorknöpfen"*. In beiden Formulierungen ist die Gestaltung des Raumes angedeutet: Sich eine Person zur Brust zu nehmen und sie sich vorzuknöpfen geht immer nur frontal; der eigene Oberkörper ist ausgerichtet in Richtung des Gegenübers. Und in dieser räumlichen Gestaltung des Oberkörpers kommt immer auch die innere Haltung dessen zum Ausdruck, der sich eine Person zur Brust nimmt und sie sich vorknöpft: Gegnerschaft und Konfrontation. Übersetzt in Worte lautet die konfrontative Ausrichtung des Oberkörpers: *„DU hast einen Regelverstoß begangen, und DU hebst das Papier auf."*

Doch genau mit dieser Botschaft des DU, ausgedrückt durch die Ausrichtung des Oberkörpers der Lehrkraft in Richtung der regelverletzenden Person, wird eine zentrale Botschaft der Deeskalation konterkariert, die da lautet: *„Es geht nicht gegen dich als Person, sondern lediglich um dein jetziges Verhalten."*

Beobachten Sie einmal, wie wir in unserem Kulturkreis die Oberkörper ausrichten, wenn wir uns in einem Dialog mit einem Mitmenschen befinden: Wir wählen selten die konfrontative Position! Wir unterhalten uns angular; das heißt, die Kommunikation verläuft über einen Winkel. Mindestens einer der beiden Oberkörper ist nicht in Richtung des Kommunikations-Partners ausgerichtet. Meistens sind es sogar beide Körper, die nicht aufeinander zeigen. Diese angulare Position bevorzugen wir immer dann, wenn wir partnerschaftliche Kommunikation pflegen möchten. Das heißt: Wir bringen unsere innere Haltung der Partnerschaftlichkeit (= Gemeinsamkeit) dadurch zum Ausdruck, dass unsere Oberkörper durch ihre Abwendung signalisieren: *„Ich habe nichts und unternehme auch nichts* ***gegen*** *dich und ich lasse dir Raum."*

Aus diesen Beobachtungen lässt sich für die Deeskalation von Konflikten ableiten, dass die leicht seitliche Ansprache (= der Oberkörper der Lehrkraft zielt nicht in Richtung der regelverletzenden Person) von zentraler Bedeutung für die Vermeidung von Gegnerschaft ist.

> Wenn wir die Botschaft vermitteln wollen *„Es geht nicht gegen dich als Person, sondern nur um dein Verhalten"*, dann sollten wir diese wichtige Botschaft nicht dadurch konterkarieren, dass wir uns die regelverletzende Person konfrontativ zur Brust nehmen. Stattdessen sprechen wir sie leicht von der Seite an und lassen ihr dadurch Raum.

Abstand halten

Aber die räumliche Gestaltung der Deeskalation betrifft nicht nur die Ausrichtung unseres Körpers, sondern auch die Gestaltung des Abstands. Das bedeutet: Die räumliche Distanz bei der Deeskalation sollte mindestens eine Armlänge betragen – und zwar gemessen anhand der Armlänge des jeweils größeren Konfliktpartners. Denn fühlen sich in einem Konflikt Schülerinnen oder Schüler durch die Unterschreitung von Distanzen räumlich in die Enge getrieben, reagieren sie oftmals mit Gegendruck: Der Konflikt kann eskalieren.

Natürlich ist diese Empfehlung der Wahrung eines Mindestabstandes von mehr als einer Armlänge nur eine grobe Orientierung. Im Zweifelsfall gilt für die Deeskalation: Lieber ein wenig mehr Abstand halten, als zu wenig. Denn bei der Gestaltung von Raum handelt es sich um ein ganz basales Kommunikationsmuster, das einen großen Einfluss auf Konflikte haben kann. Und können Sie ausschließen, dass Ihr Gegenüber Opfererfahrungen durchlitten hat, in denen seine Distanzen physisch oder psychisch unterschritten wurden? Damit korrespondierende negative Gefühle und Verletzungen können durch erneute unsensible Unterschreitungen von Distanzen unbewusst reaktiviert werden: Die regelverletzende Person fühlt sich wieder einmal in die Ecke gedrängt und gerät in Stress (=Angriff oder Flucht).

Aus all diesen Überlegungen zum Umgang mit Räumen folgt:

> Der sensible Umgang mit Distanzen ist für die Deeskalation unerlässlich. Das betrifft besonders die Ausrichtung unserer Oberkörper (= angular) und die Gestaltung von Entfernungen (Abstand halten). Deeskalation heißt Raum lassen.

Drohende Blicke vermeiden

Was wir schon bei der Gestaltung von Räumen festgestellt haben, gilt auch für unser Blickverhalten: Es handelt sich um ein basales Kommunikationsmuster mit potenziell großer Tragweite für Konflikte. Denn Blicke sind Berührungen auf Distanz. Mit Blicken können wir andere Menschen durchbohren und verletzen, wir können sie aber auch mit warmen und liebkosenden Blicken streicheln. Und wenn Blicke Berührungen auf Distanz sind, dann gelten für sie ähnliche Gesetzmäßigkeiten wie für die Gestaltung von Räumen: Drohende und stechende Lehrerblicke können als invasive Handlungen wahrgenommen werden und zu Eskalationen führen. Also gilt es in der Deeskalation, behutsam und respektvoll mit dem Raum einer regelverletzenden Person umzugehen und den drohenden und stechenden Blick zu vermeiden.

Konkret bedeutet das: Wollen wir einer regelverletzenden Person auch mithilfe unserer Blicke verdeutlichen, dass wir sie nicht „auf dem Kieker haben“ und als Gegner betrachten, so sollten wir darauf achten, dass wir bei unserer Ansprache den Blickkontakt nach zwei bis drei Sekunden wieder auflösen, und für ein paar Sekunden zur Seite schauen. Und während uns unser Gegenüber seine eigene Sicht des Sachverhalts darstellt (s. u.), praktizieren wir Wertschätzung, indem wir in die Augen bzw. in benachbarte Zonen des Gesichts (z. B. Mund; Augenbrauen; Augenringmuskulatur) unseres Gegenübers schauen. Das Wort Respekt stammt übrigens vom Lateinischen „respicere“ ab und heißt übersetzt „zurückschauen“.

Und auch in Bezug auf unser Blickverhalten gilt, was wir schon für den Umgang mit Raum postuliert haben: Da es sich um ganz basale Kommunikationsmuster handelt, sollte deren Bedeutung nicht unterschätzt werden. Eine Unterschreitung von Distanzen oder ein zu langer Blick können alle anderen verbalen Deeskalationsmittel wie Humor, Sinnstiftung oder spielerische Gestaltung des Konflikts überstrahlen und zu ungewollten Eskalationen führen. Denn nicht umsonst reagieren gerade männliche Jugendliche allzu häufig sehr aggressiv auf zu lang empfundene Blicke ihrer Mitmenschen: *„Was guckst du!“*

Abschließend können wir also bezüglich dieser beiden Parameter der Körpersprache (Raum- und Blickverhalten) feststellen: Die Lehrerin vermeidet die Suggestion von Gegnerschaft, indem sie Tobias eher ***bei-läufig*** (= angulare Position), mit einem gewissen Abstand (mindestens eine Armlänge) und mit kurzen und wohlwollenden Blicken (ca. 2–3 Sekunden) anspricht.

Partner statt Gegner

Fassen wir die wichtigsten Mittel und Techniken der Vermeidung von Gegnerschaft zusammen:

- Verwandlung eines Konflikts in ein Spiel / bzw. einen Sport
- Humor
- Raum lassen
- kurze, wohlwollende Blicke

Die dritte Säule der präventiven Deeskalation, die Vermeidung von Gegnerschaft, basiert ebenso wie die Gestaltung der Beziehungsebene und die Aufwertung der Person darauf, dass Signale des Kampfes bewusst vermieden werden. Denn in einem eskalierten Konflikt (= Kampf) stehen sich die

> Das „Du **und** ich" wird verbal wie körpersprachlich dadurch kommuniziert, dass das Gemeinsame statt dem Trennenden akzentuiert wird.

Kontrahenten als Gegner gegenüber. „Du **oder** ich" – so lautet die Maxime des Kampfes. Angestrebt wird nicht etwa eine gemeinsame Lösung, sondern der Sieg über den Gegner. Was du gewinnst, verliere ich – und umgekehrt. Für die Deeskalation bedeutet das: „Du **und** ich".

3.1.4 Öffentlichkeit reduzieren

Die Vermeidung des Gefühls von Öffentlichkeit

Der Regelverstoß von Tobias findet, so hatten wir in unserem Beispiel bisher angenommen, auf einem einsamen Flur ohne weitere Zeugen statt. Es steht also nicht zu befürchten, dass für ihn die Komponente der Gesichtswahrung vor seinen Mitschülerinnen oder Mitschülern eine Rolle spielt. Und doch kann es auch in Situationen wie dieser opportun sein, Techniken anzuwenden, die den Grad an gefühlter (!) Öffentlichkeit spürbar reduzieren.

Die Lehrerin sieht den werfenden Tobias und spricht ihn beinahe im Flüsterton an:

„Hey Tobias, wirf deine Flasche bitte eben in den Papierkorb. Okay?"

Mit ihrem Flüsterton schafft die Lehrerin Diskretion und vermittelt dadurch Tobias das Gefühl, dass sich auch sein Bücken unter Ausschluss jeglicher Öffentlichkeit vollziehen kann. Denn die Wahrnehmung von Öffentlichkeit und der damit verbundene Gesichtsverlust bemessen sich nicht ausschließlich daran, wie viele tatsächlich anwesende Personen reale Zeugen der Situation sind. Wie öffentlich oder diskret eine Situation empfunden wird, hängt nicht zuletzt auch von der Lautstärke der Lehrerintervention ab: Jede laute Ansprache der Lehrperson steht im Raum und schafft aus Sicht der regelverletzenden Person mehr Öffentlichkeit (= Zeugen des uncoolen Bückens); jede leise Ansprache dagegen schafft Diskretion und ermöglicht eine heimliche Korrektur des Regelverstoßes – und das unabhängig von der **tatsächlichen** Anwesenheit anderer Schülerinnen und Schüler.

Eine weitere Steigerung dieser Vermeidung einer „gefühlten Öffentlichkeit" wäre nicht der Flüsterton, sondern die weitgehend nonverbale Abwicklung des Vorgangs seitens der Lehrerin. Zu diesem Zwecke nennt sie nur kurz Tobias Namen und weist mit einem freundlichen Nicken und einem Zeigen auf die Trinkflasche lediglich implizit auf den Regelverstoß hin.

Vermeidung von realer Öffentlichkeit

Verändern wir kurz das Setting des Regelverstoßes, indem wir Tobias mit drei Freunden auf den Flur stellen. Die vier Schüler stehen in einem Kreis und Tobias lässt achtlos die Trinkflasche unter sich fallen. Die Lehrerin sieht den Regelverstoß, tippt Tobias mit einem freundlichen Lächeln auf die Schulter und bittet ihn leise:

„Tobias, kommst du bitte mal ganz kurz?“

Tobias tritt aus dem Kreis heraus und in etwa zwei Metern Entfernung von seinen Kumpels fragt er seine Lehrerin:

„Was ist denn los?“

„Dir ist die Flasche eben runtergefallen. Kannst du sie bitte gleich aufheben? Danke.“

In diesem Fall hat die Lehrerin gleich zwei Techniken zur Vermeidung einer real anwesenden Öffentlichkeit angewendet:

1. Sie hat Tobias aus seiner Gruppe herausgeholt und dadurch vermieden, dass die Kumpels die Ansprache mitbekommen.
2. Die Lehrerin hat Tobias für die Beseitigung des Regelverstoßes Zeit eingeräumt, damit der Vorgang des Bückens nicht in einem direkten Kontext mit ihrer Ansprache erscheinen muss: Der Schüler kann sich später unauffällig bücken und dadurch diesen Vorgang von der Intervention der Lehrerin entkoppeln.

Fassen wir die unterschiedlichen Techniken zur Vermeidung von Gesichtsverlust in der Öffentlichkeit noch einmal kurz zusammen:

- leise Ansprache
- nonverbale Ansprache
- Schüler / Schülerin aus der Gruppe herausnehmen

> Je diskreter ein Regelverstoß von einer Lehrperson angesprochen wird, desto weniger gefühlte oder tatsächliche Zeugen sind aus Sicht der regelverletzenden Person anwesend. Und je diskreter ein Regelverstoß behandelt wird, desto geringer ist das Ausmaß des potenziellen Gesichtsverlustes.

3.1.5 Führungsstatus absenken

Der kommunikative Status

Schulleitung, Lehrerinnen und Lehrer, Schulsozialarbeiterinnen und -arbeiter sowie Referendarinnen und Referendare – sie alle sind die formal Vorgesetzten sämtlicher Schülerinnen und Schüler, die die Schule besuchen. Ihr jeweiliges Amt gibt diese Vorgesetztenposition vor (s. Kapitel 1).

Wir möchten an dieser Stelle einen Begriff einführen, den wir aus dem Theater kennen und der von dem Regisseur Keith Johnstone eingeführt wurde: **Der kommunikative Status.** Mit diesem Status ist nicht das Amt, also die formale Position gemeint, sondern der kommunikative Status beschreibt die wahrgenommene hierarchische Position einer Person in Relation zu den jeweiligen Kommunikations-Partnern.

Dazu einige Beispiele: Wenn in einer Vertretungsstunde die Schülerinnen und Schüler einem Lehrer auf der Nase herumtanzen, indem sie sämtliche Arbeiten verweigern und sich ungeniert unterhalten, dann würde man feststellen, dass in dieser Stunde die Schülerinnen und Schüler das Sagen haben und in einer klar dominanten Position sind. Sie haben einen höheren kommunikativen Status als der Vertretungslehrer. Und damit ist auf der kommunikativen Ebene die formale Hierarchie auf den Kopf gestellt. Denn *qua* Amt hat zwar der Lehrer das Sagen, doch kommunikativ haben es in der betreffenden Stunde die Schülerinnen und Schüler – sie bestimmen, was in der Stunde läuft. Der Lehrer bekleidet in der Stunde zwar sein Amt eines Vorgesetzten, verkörpert es aber nicht mit seinem kommunikativen Status.

Und würde man in derselben Klasse beobachten, dass eine Stunde später die Klassenlehrerin das Zepter in die Hand nimmt und die Verhaltensweisen der Klasse führt und lenkt, dann müsste man konstatieren: Die Lehrerin ist nicht nur der formale, sondern auch der kommunikative Boss in der Klasse – sie verkörpert ihr Amt auch durch ihren kommunikativen Status.

> Solange Pädagoginnen und Pädagogen beruflich mit Kindern und Jugendlichen zu tun haben, sind sie ihnen gegenüber in einer Vorgesetztenposition – sie sind der Boss! Und diese übergeordnete Position hat sich auch in einem höheren kommunikativen Status niederzuschlagen.

Im Falle eines Regelverstoßes käme eine Kommunikation mit Schülerinnen und Schülern auf Augenhöhe oder gar aus einem Tief-Status heraus einem Autoritätsverlust gleich. Doch mit diesem Postulat eines übergeordneten kommunikativen Status („Ich bin der Boss – und ich kommuniziere wie der Boss!“) ist noch nicht zum Ausdruck gebracht, wie flach oder steil die jeweilige kommunikative Hierarchie gestaltet ist. Wir möchten an dieser Stelle nur andeuten, dass die hohe Kunst der Führung genau darin besteht, den eigenen Führungsstatus und damit auch die Hierarchie in der jeweiligen kommunikativen Situation flexibel gestalten zu können.

> Es gibt nicht den einen Führungs-Status. Je nach pädagogischer Notwendigkeit kann es opportun sein, den eigenen Führungsstatus anzuheben, oder eben auch abzusenken.

Steile oder flache Hierarchie?

Machen wir ein kleines Experiment. Lassen wir die Lehrerin in dem Fallbeispiel mit der Trinkflasche nacheinander fünf Mal auftreten und heben wir in jedem Durchgang lediglich ihren kommunikativen Status an. Ab welchem Durchgang wird es Tobias mit seinem nicht besonders gut entwickelten Selbstwert schwerfallen, sich ohne Gesichtsverlust zu bücken?

1. Durchgang:
„Hallo Tobias. Du hast gerade deine Trinkflasche verloren." Bei diesen Worten bückt sich die Lehrerin, hebt die Trinkflasche auf und drückt sie dem verdutzten Tobias freundlich in die Hand: *„Wirf sie doch bitte eben in den Papierkorb, okay?"* (freundlicher Ton)

2. Durchgang:
„Hallo Tobias, warte mal eben. Bring doch bitte deine Trinkflasche in den Papierkorb. Danke." (freundlicher Ton)

3. Durchgang:
„Tobias, stopp! Ich erwarte, dass du deinen Müll in den Papierkorb wirfst. Klar?" (sachlicher Ton)

4. Durchgang:
„Tobias, stopp! Komm her, du wirfst deinen Müll in den Papierkorb und nicht auf den Boden. Haben wir uns verstanden?" (strenger Ton)

5. Durchgang:
„Tobias, stopp! Du kommst sofort zurück und bückst dich gefälligst. Den Müll da rein – und zwar jetzt!" (Befehlston)

Übertragen wir diese fünf Durchgänge auf ein Schaubild:

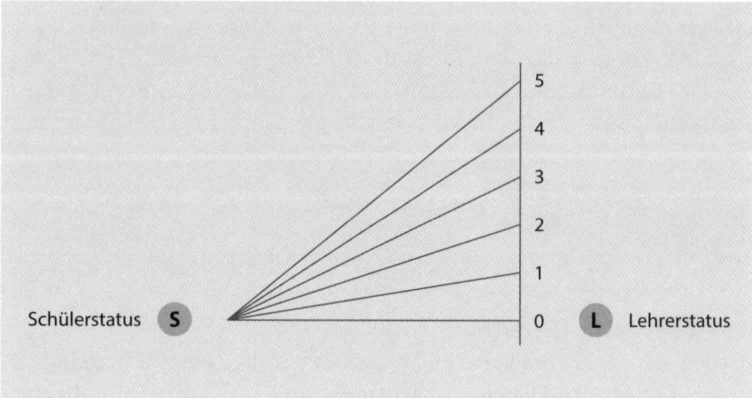

Abb. 4: Von der flachen zur steilen Hierarchie

Im 1. Durchgang hat die Lehrerin ihren Führungsstatus stark abgesenkt und eine Hierarchie geschaffen, die extrem flach war und nur knapp oberhalb einer Kommunikation auf Augenhöhe (0) lag. In jedem weiteren Durchgang (2. bis 5.) hat sie ihren Führungsstatus angehoben und dadurch eine jeweils steilere Hierarchie zum Schüler etabliert. Sie hat ihn, stetig wachsend, von oben herab behandelt. Und noch etwas können wir beobachten: Durch jede Statusanhebung hat die Lehrerin den Druck auf den Schüler erhöht. Während der erste Durchgang weitgehend frei von Druck war, wird der Schüler in den letzten beiden Durchgängen massiv unter Druck gesetzt. Diese Art von Druck bezeichnen wir als **Statusdruck**.

Stellen wir also noch einmal die Ausgangsfrage: Ab welchem der fünf Durchgänge dürfte es Tobias schwerfallen, sich ohne Gesichtsverlust zu bücken? Wenn wir in unseren Lehrertrainings in die Rolle der Lehrerin bzw. des Lehrers schlüpfen und diese fünf Durchgänge vorspielen, dann geben die meisten Teilnehmerinnen und Teilnehmer an, dass schon beim dritten Durchgang der Konflikt kippen kann, weil der Schüler den Status als unangemessen empfinden dürfte. Einigkeit herrscht aber dahingehend, dass ab dem vierten Durchgang ein Bücken seitens des Schülers einer Unterwerfung gleichkäme und zu einem enormen Gesichtsverlust führen würde.

> Deeskalation bei einem leichten Regelverstoß kann nur gelingen, wenn wir durch das Absenken unseres Führungsstatus eine flache Hierarchie etablieren und dadurch den Statusdruck minimieren.

Status-Druck

Worin genau besteht das Verletzungspotenzial eines zu hohen Führungsstatus? Was genau ist Statusdruck? Vorläufige Antworten haben wir gegeben: Der Ton der Lehrerin war ab dem dritten Durchgang zu streng, die Stimme zu schneidend, ihr Blick zu drohend, die Wortwahl zu militärisch und die Ausrichtung ihres Oberkörpers zu konfrontativ. Aber diese Erklärungen reichen noch nicht aus, die Frage nach dem Verletzungspotenzial hinlänglich zu beantworten. Ein weiteres schulisches Beispiel soll Klarheit bringen:

Ein Schüler vergreift sich während des Unterrichts im Ton und kommentiert den Redebeitrag eines Mitschülers mit folgenden Worten:

„Ey, du Opfer. Bist du bescheuert. Du hast doch überhaupt keine Ahnung. Du redest doch wieder totalen Scheiß!“

Auch hier schauen wir uns zwei unterschiedliche Reaktionen des unterrichtenden Lehrers an:

„Tom, Stopp! Nicht in dem Ton. Keine Beleidigungen! Wir gehen respektvoll miteinander um. Klar?“

Die Stimme des Lehrers war fest und streng, aber nicht aggressiv. Er hat einen festen Blickkontakt aufgenommen und sich konfrontativ vor den beleidigenden Schüler gestellt. Er hat ihn aus einem hohen kommunikativen Status (4) heraus angesprochen.

Und nun stellen wir uns als Kontrast einen zweiten Durchgang des Lehrers vor:

„Och Tom, bitte. Da sind dir aber ein paar Worte rausgerutscht, die nicht nett waren. Du weißt doch, dass wir respektvoll miteinander umgehen wollen. Bitte entschuldige dich jetzt bei Kevin für deinen Beitrag.“

Der Lehrer hat mehrere der oben genannten Deeskalations-Techniken angewendet: Seine Stimme war freundlich, er hat sich leicht seitlich zum Schüler aufgestellt, Absichtslosigkeit unterstellt und den beleidigenden Schüler gebeten, sich zu entschuldigen. Und schließlich hat er durch seine Freundlichkeit nicht nur eine fast verständnisvolle Nähe zum Schüler aufgebaut, sondern damit gleichzeitig seinen Führungsstatus (2) abgesenkt.

Und wenn wir in unseren Seminaren nach dem Vorspielen beider Situationen um eine Stellungnahme bitten, welche der beiden Reaktionen angemessener war, fällt die Entscheidung eindeutig aus: Der erste Durchgang mit dem spürbar höheren Führungsstatus wird durchgängig als die angemessenere Lehrerreaktion gewertet.

Das heißt: Ein niedriger Führungsstatus, der in dem Beispiel der Trinkflasche neben dem Papierkorb als angemessene Reaktion gewertet wird,

wird im zweiten Beispiel der Beleidigung als kontraproduktiv und als Schwäche und Autoritätsverlust angesehen.

Und umgekehrt gilt: Ein hoher Führungsstatus wird im Beispiel der Trinkflasche als übertriebene Härte und damit als Erniedrigung des Schülers gewertet, und im Beispiel der Respektlosigkeit als angemessene Grenzziehung.

Die Bemessungsgrundlage für die Wahl eines angemessenen Führungsstatus ist demnach die Schwere des Regelverstoßes:

- Ein leerer Trinkbecher neben einem Papierkorb stellt einen leichten Regelverstoß dar. Ein zu hoher Lehrerstatus würde in diesem Fall vom Schüler als überzogene Reaktion gewertet und somit als Angriff auf die eigene Person empfunden werden: *„Der Auftritt des Lehrers hat nichts mit der Schwere des Regelverstoßes zu tun. Also geht es wieder einmal gegen mich als Person. Immer ich! Das lasse ich mir nicht bieten!“* Der Konflikt droht zu eskalieren. Eine Analogie aus dem Fußball verdeutlicht diesen Sachverhalt: Ein Spieler begeht ein leichtes Foul und bekommt vom Schiedsrichter direkt die gelbe Karte gezeigt. Die Reaktion des Spielers dürfte klar sein: *„Der ist ungerecht und hat es auf mich abgesehen.“*
- Der Schüler Tom weiß, dass er mit seinen beleidigenden Worten quer durch die Klasse keinen leichten, sondern einen schwereren Regelverstoß begeht. Er kann also durchaus erkennen, dass der hohe Status des Lehrers der Schwere des Regelverstoßes geschuldet und nicht gegen ihn als Person gerichtet ist. Somit fehlt diesem Status das Verletzungspotenzial des ersten Beispiels. Ganz ähnlich im Fußball: Nach einem schwereren Foul erkennt der Spieler, dass die gezeigte gelbe Karte angemessen ist – und daher seinem schwereren Foul und nicht seiner Person gilt.

Vor diesem Hintergrund wird deutlich, dass es letztlich also gar nicht die scharfen Worte, der feste Blick, die konfrontative Position oder die Wortwahl waren, die die Verletzungen im 3. bis 5. Durchgang des oben genannten Beispiels ausgelöst haben, sondern deren Relation im Verhältnis zur Schwere (bzw. Leichte) des Regelverstoßes.

> Bei leichten Regelverstößen entsteht der Status-Druck durch einen zu hohen Führungsstatus der intervenierenden Lehrperson. Die Status-Unangemessenheit wird von den regelverletzenden Schülerinnen und Schülern als Angriff gegen die eigene Person gesehen („Immer gegen mich“) und mit einem Gegenangriff beantwortet. Druck erzeugt Gegendruck.

Freundlichkeit

Wenn wir uns die fünf Durchgänge der Lehrerin noch einmal anschauen, dann wird deutlich, dass die freundliche Ansprache in den ersten beiden Beispielen das zentralste Element der Statusabsenkung darstellt. Die freundliche Ansprache schafft demnach nicht nur Beziehung und Nähe, sondern hat massiven Einfluss auf die Gestaltung des Führungsstatus. Um das zu unterstreichen, kontrastieren wir noch einmal zwei unterschiedliche Ansprachen seitens der Lehrerin:

- *„Tobias – du nimmst die Trinkflasche und wirfst sie in den Papierkorb.“*
- *„Hallo Tobias. Komm: Nimm bitte die Trinkflasche und wirf sie in den Papierkorb – okay?“*

Sprechen Sie einfach mal beide Variationen – die erste mit einem strengen, die zweite mit einem freundlichen Ton. Im ersten Durchgang behandeln Sie den Schüler viel stärker von oben herab als im zweiten.

> Freundlichkeit, die sich in der Stimme, der Mimik, der Haltung und den Bewegungen äußert, ist demnach nicht nur ein Mittel zur Gestaltung einer Beziehung (s. o.), sondern ebenso ein zentrales Element der Absenkung des Führungsstatus.

Den Ball flach halten

Schauen wir uns noch einmal den ersten der fünf Durchgänge an:

„Hallo Tobias. Du hast gerade eine Trinkflasche verloren.“ Bei diesen Worten bückt sich die Lehrerin, hebt die Trinkflasche auf und drückt sie dem verdutzten Tobias freundlich in die Hand: *„Wirf sie doch bitte eben in den Papierkorb, okay?“*

Neben der freundlichen Ansprache ist auch das Bücken der Lehrerin und die damit verbundene Arbeitsteilung eine präventive Deeskalationstechnik, die auf der Statusebene angesiedelt ist. Denn die implizite Botschaft des Lehrerinnen-Bückens lautet: *„Ich bin mir nicht zu schade, mich selbst zu bücken.“*

Allerdings möchten wir an dieser Stelle betonen, dass das Bücken aus einer klaren inneren Haltung heraus kommen muss: *„Durch mein Bücken breche ich mir keinen Zacken aus der Krone. Ein Bücken ist kein Autoritätsverlust.“* Nur auf der Basis dieser gefestigten inneren Haltung ist gewährleistet, dass die daraus resultierenden Bewegungsabläufe auch tatsächlich als souverän und selbstbestimmt und nicht als aufopfernd oder anbiedernd wahrgenommen werden. Ein Bücken ist zunächst einmal ein rein physiologischer Vorgang. Ein Lehrer oder eine Lehrerin kann sich im Ausnahmefall für ihre Schülerinnen und Schüler bücken, ohne an Autorität zu verlieren. Das ist alles eine Frage der klaren inneren und äußeren Haltung.

Kumpelhaft und kokett

Eine weitere Möglichkeit, den Status abzusenken, ist die Wahl der Kumpelebene:

„Mensch Tobias, was ist los mit dir? Mir das Papier direkt vor die Füße pfeffern … Komm her, Spezi: Wirf deinen Müll in die Tonne und gut ist's."

Angesichts dieser Wortwahl kann einem der Atem stocken: Einen Schüler als „Spezi" zu bezeichnen, ihm eine provokative Absicht („pfeffern") zu unterstellen und dann auch noch eine Aufforderung statt einer Bitte zu formulieren – das widerspricht allen Regeln der Deeskalation und muss förmlich scheitern …

Nicht unbedingt: Stellen Sie sich den Tonfall des Lehrers oder der Lehrerin nicht streng, sondern humorvoll-wohlwollend vor. Und wenn wir unterstellen, dass die Beziehung zwischen den beiden Protagonisten okay ist, dann kann selbst ein derartiger Auftritt funktionieren und die beabsichtigte deeskalative Wirkung entfalten. Denn durch den kumpelhaften Ton und die dementsprechende Wortwahl wird eine flache Hierarchie geschaffen. Und vor diesem Hintergrund einer flachen Hierarchie verlieren die Worte des Lehrers oder der Lehrerin ihre verletzende Wirkung.

Wir möchten an dieser Stelle betonen, dass die Kumpelebene mit dem Zweck der Schaffung einer flachen Hierarchie und einer freundschaftlichen Ebene keine Technik ist, die ausschließlich männlichen Lehrern vorbehalten sein muss. Das Wort „Kumpel" suggeriert zwar Männlichkeit, aber wir haben in unseren Lehrertrainings zahllose Lehrerinnen erlebt, die diese Ebene ebenso beherrschen und in der täglichen Praxis auch anwenden wie ihre männlichen Berufsgenossen. Es ist eher eine Frage des Charakters als des Geschlechts. Bei Frauen würde man wahrscheinlich ein Adjektiv verwenden müssen, um diese Art der Status-Absenkung mit dem Ergebnis einer Verflachung der Hierarchie angemessen zu beschreiben: burschikos.

Ein weiteres Mittel, um die Hierarchie durch die Absenkung des Führungsstatus abzuflachen, ist für weibliche Lehrerinnen die strategisch eingesetzte Koketterie:

„Tobias, sei ein Kavalier und tu mir einen Gefallen: Hebe doch bitte eben die Trinkflasche auf und wirf sie in den Papierkorb. Danke."

Gerade männlichen „Macho-Jugendlichen" wird es nach einer weiblich-koketten Ansage oft leicht gemacht, einer Erwartung seitens der Lehrerin nachzukommen. Und das aus zwei Gründen: Erstens präsentiert sich die

Lehrerin durch ihre Koketterie nicht als Gegnerin, und zweitens wird durch dieses Mittel ihr Führungsstatus abgesenkt und eine flache Hierarchie etabliert.

Aber für beide Techniken der Statusabsenkung, die Kumpelebene und die Koketterie, gilt:

- Sie dürfen nicht die alleinigen Führungsinstrumente der betreffenden Lehrerinnen und Lehrer sein. Wer sich ständig als kumpelhaft oder weiblich-kokett gibt, läuft Gefahr, als führungsschwach wahrgenommen zu werden. Der Kumpel und die kokette Lehrerin müssen in anderen Situationen (s. Kapitel 4) auch mit **statushöheren Führungsinstrumenten** unter Beweis stellen, dass sie für jeden Regelverstoß gleich welcher Schwere die passende Antwort parat haben.
- Die Kumpelebene muss ebenso wie die kokette Ansprache zur Person der Lehrkraft passen. Dann, aber auch nur dann, werden diese statussenkenden Auftritte als **authentisch** wahrgenommen.

Zu hoher Einstieg

Ohne das Statusmodell bliebe so manche Eskalation, die sich tagtäglich auf unseren Schulhöfen und in unseren Klassenzimmern nach leichten Regelverstößen ereignet, unerklärbar. Denn die Verletzungen und Entwertungen, die durch einen zu hohen Einstieg (= hoher Führungsstatus) seitens eines Lehrers oder einer Lehrerin einer regelverletzenden Person zugefügt werden können, sind häufig sprachlich nicht nachweisbar:

„Tobias, stopp! Komm her, du wirfst deinen Müll in den Papierkorb, und nicht auf den Boden. Haben wir uns verstanden?"

Diese verbale Botschaft der Lehrkraft nach dem leichten Regelverstoß von Tobias war frei von Angriffen auf dessen Person. Und dennoch droht die Situation durch den entstandenen Statusdruck zu kippen und zu eskalieren:

„Nö, mache ich nicht. Ich war das doch gar nicht! Immer ich!"

Die Lehrperson wird anschließend ihre Hände in Unschuld waschen und sich keiner Schuld an der Eskalation bewusst sein: *„Ich habe ihn lediglich aufgefordert, seinen Müll ordnungsgemäß zu beseitigen. Ich habe ihn in keiner Weise persönlich angegriffen. Aber der Schüler ist sofort frech geworden und hat sich im Ton vergriffen."*

Die Betrachtung der verbalen Ebene des Konflikts gibt der Lehrkraft Recht. Dass sie aber dennoch maßgeblich zu der Konflikteskalation beigetragen hat, wird nur dann deutlich, wenn man die Statusebene des Konflikts genauer analysiert:

- *„Ich bin groß – und du bist klein"* – so lautet die in Worte übersetzte Botschaft ihres Hoch-Status und der daraus resultierenden **Von-Oben-Herab-Behandlung**. Und dass ein Schüler mit Selbstwertproblemen wie Tobias diese Hierarchie als erneute Abwertung empfindet, ist *psychologisch*.
- Der in keiner Relation zur Schwere des Regelverstoßes stehende Hoch-Status der Lehrkraft führt in diesem Beispiel **über den Statusdruck zum Gegendruck** („*Die hat mich direkt so angeschnauzt*") seitens des Schülers und damit zur weiteren Eskalation.

Die Lehrkraft hat, so unser Urteil, durch ihren viel zu hohen Status in Relation zum leichten Regelverstoß Statusdruck auf den Schüler aufgebaut und ihn dadurch in die Enge getrieben. Aus dieser Enge glaubte er sich nur dadurch befreien zu können, dass er Gegendruck aufgebaut hat. Der Konflikt ist eskaliert …

Wie viele Eskalationen von Konflikten an unseren Schulen haben ihre Ursache darin, dass die jeweiligen Lehrkräfte mit einem zu hohen Führungsstatus in leichte Regelverstöße einsteigen? Es gibt diesbezüglich keine wissenschaftlichen Erhebungen – aber die Dunkelziffer dürfte immens sein.

> Durch einen zu hohen Führungsstatus entsteht nach leichten Regelverstößen Statusdruck, der zur Eskalation eines Konflikts maßgeblich beitragen kann. Deeskalation kann daher nur auf der Basis einer flachen Hierarchie gelingen. Für die Lehrperson heißt das: Führungsstatus absenken.

3.1.6 Praxisbeispiele

Authentisch handeln

Wir haben Ihnen in den letzten Abschnitten die fünf Säulen der präventiven Deeskalation vorgestellt: Beziehungsebene gestalten; Wertschätzung praktizieren; Gegnerschaft vermeiden; den Grad der Öffentlichkeit reduzieren; Führungsstatus absenken. Für jede dieser Säulen gibt es unterschiedliche Mittel und Techniken, um die gewünschte deeskalative Wirkung zu erzielen. Dabei halten wir es nicht für erforderlich, dass jede Lehrerin und jeder Lehrer sämtliche Deeskalationstechniken gleichermaßen beherrschen und anwenden sollte. Denn natürlich gibt es individuelle Schwerpunkte und Neigungen: Beziehungsorientierte Lehrerinnen und Lehrer werden stark auf der Beziehungsebene agieren; humorvolle Lehrkräfte bevorzugen den Witz, um Situationen zu entschärfen; sachlichere Personen dagegen werden eher mit einer professionellen Freundlichkeit in Verbindung mit einer kurzen Sinnstiftung an ihre regelverletzenden Schülerinnen und Schüler herantreten; und Sportlehrerinnen und Sportlehrer gehen häufig spielerisch mit Regelverstößen um. Entscheidend ist, dass der eigene Auftritt und die verwendeten Techniken und Mittel zur eigenen Person (und zum Adressaten!) passen und daher authentisch wirken.

Und natürlich lassen sich auch nicht alle Techniken und Mittel, die wir für das Beispiel der Trinkflasche gefunden haben, auf sämtliche leichte Regelverstöße übertragen. Lediglich die Grundprinzipien der präventiven Deeskalation sind auf alle Situationen anwendbar, in denen Schülerinnen und Schüler leichte Regelverstöße begehen. Daher möchten wir Ihnen hier anhand einiger Beispiele für leichte Regelverstöße weitere Anwendungsmöglichkeiten für die oben skizzierten Techniken vorstellen:

Nebengespräche im Unterricht

PRAXIS

In der vorletzten Reihe eines Klassenzimmers führen zwei Schülerinnen ein kleines Nebengespräch, während der Lehrer an der Tafel der Klasse eine mathematische Aufgabe erklärt. Dieses Gespräch findet so leise statt, dass es bestenfalls die unmittelbaren Nachbarn der beiden Sprecherinnen mitbekommen. Da das Nebengespräch aber bereits ca. 30–40 Sekunden andauert, entschließt sich der Lehrer, der vorn an der Tafel steht, zu einer Intervention. Quer durch die Klasse macht er seine Ansage:

„Katja und Svenja, ihr quasselt die ganze Zeit. Jetzt ist Schluss.“

Mit diesem Auftritt hat der Lehrer gegen mehrere Regeln der präventiven Deeskalation verstoßen:

- **Führungs-Status angehoben:** Der Ton des Lehrers war zu scharf. Dadurch war sein Status zu hoch und die Hierarchie zu steil.
- **Entwertung der Person:** Der Lehrer hat eine abwertende Beurteilung des Gespräches vorgenommen: quasseln statt sprechen. Und durch die Formulierung *„die ganze Zeit“* nimmt er eine übertreibende Verallgemeinerung vor, durch die er die Schülerinnen zusätzlich angreift und herabstuft.
- **Öffentlichkeit vergrößert:** Er hat einem leichten Regelverstoß, den bestenfalls 4–5 weitere Schülerinnen und Schüler aus der unmittelbaren Nachbarschaft mitbekommen haben, nicht nur die Öffentlichkeit der gesamten Klasse gegeben, sondern er hat die Schülerinnen „vor versammelter Mannschaft“ sogar öffentlich gerügt. Das potenzielle Ausmaß des

Gesichtsverlustes der beiden Störerinnen wurde dadurch noch vergrößert.

Und ganz nebenbei hat der Lehrer in unserem Fallbeispiel gegen einen weiteren Grundsatz der Störungsintervention gehandelt:

> Die Intervention seitens der Lehrerinnen oder Lehrer nach Störungen darf nicht größer (lauter und massiver) ausfallen als die Störung selbst. Sonst wird die Lehrperson zur Störungsquelle.

Die Gefahr ist groß, dass aus den skizzierten Gründen die beiden Schülerinnen um ihr Gesicht in der Klasse kämpfen werden:

„Das stimmt doch gar nicht. Ich habe Svenja nur gefragt, was Sie da angeschrieben haben. Ich konnte das nicht lesen.“

„Das stimmt, das hat sie wirklich. Und außerdem: Wenn andere mal stören, dann sagen Sie nie was. Immer nur bei uns!“

Wie also hätte eine angemessene Reaktion seitens des Lehrers ausfallen können, damit die Schülerinnen nicht um ihr Gesicht vor der Klasse kämpfen müssen?

Der Lehrer beobachtet die seit ca. 30 Sekunden leise störenden Schülerinnen und entschließt sich zur Intervention. Langsam und weiter unterrichtend bewegt er sich unauffällig-beiläufig Richtung Störungsquelle, bis er vor dem Tisch der beiden Schülerinnen zu stehen kommt. Jetzt, in unmittelbarer Nähe der Störung, kann er seine Intervention beiläufig und unter weitgehendem Ausschluss der Öffentlichkeit der Klasse ausfallen lassen: Mithilfe einer leisen Ansprache oder sogar komplett nonverbal gibt er den beiden Schülerinnen zu verstehen, dass sie ihr Nebengespräch beenden sollen:

„Katja und Svenja: bitte Ruhe.“ (freundlicher Flüsterton)

Anschließend bleibt er noch einige Sekunden in unmittelbarer Nähe des Tisches stehen und unterrichtet von dort weiter. Sobald er merkt, dass die beiden Schülerinnen wieder am Unterricht teilnehmen, verlässt er deren Nahbereich.

Bei dieser Art von Intervention gilt es aber noch zwei wichtige körpersprachliche Prinzipien der präventiven Deeskalation zu beachten:

- Während des Gangs in Richtung Störungsquelle, der durchaus zehn Sekunden dauern kann, sollte der Lehrer den ununterbrochenen Blickkontakt zu den Schülerinnen vermeiden. Ansonsten läuft er Gefahr, auf der visuellen Ebene die Botschaft zu senden: *„Ich habe euch auf dem Kieker. Jetzt seid ihr dran!“* **Drohstarren** kann zu unnötigen Eskalationen führen.

- Der Lehrer sollte sich **nicht konfrontativ** vor dem Tisch der Schülerinnen aufstellen, sondern seine diskrete Ansprache seitlich vornehmen. Auf diese Weise kann er die implizite Botschaft senden: *„Es geht nicht gegen euch, sondern mir geht es um Ruhe für die Klasse."*

Zu spät im Unterricht

PRAXIS

Die erste Stunde hat bereits begonnen. Mit ca. fünfminütiger Verspätung erscheint Jessica im Unterricht. Der Lehrer stellt sie noch an der Tür vor der Klasse zur Rede:

„Jessica, du bist zu spät. Das geht so nicht."

„Ich kann nichts dafür. Mein Bus hatte Verspätung."

„Dann musst du einen Bus früher nehmen."

„Aber der fährt nur alle 30 Minuten. Dann muss ich ja noch viel früher aufstehen."

Wir brechen den Disput hier ab. Denn vermutlich wird er länger dauern, da Jessica stehend vor der Klasse um ihr Gesicht kämpfen wird.

Wir bieten an dieser Stelle folgende Alternative an:

Die verspätete Jessica kommt zur Tür herein und setzt direkt zu einer Entschuldigung an:

„Tschuldigung – aber mein Bus hatte Verspätung und …"

Der Lehrer winkt direkt ab und gibt ihr zu verstehen:

„Ist okay. Setz dich einfach hin und hol deine Sachen raus. Wir klären das später."

Danach nimmt der Lehrer seinen Unterricht wieder auf. Am Ende der Stunde sagt er laut und deutlich, damit alle Schülerinnen und Schüler es hören:

„Jessica, bleib bitte noch eben hier. Ich möchte die Verspätung klären. Und die anderen bitte raus auf den Schulhof."

Der Lehrer hat durch die zeitliche Verschiebung der Schülerin die Bühne der Klasse erspart und so ihren Gesichtsverlust minimiert. Unter Ausschluss der Öffentlichkeit in der Pause wird das Gespräch mit Jessica wahrscheinlich wesentlich entspannter und sachlicher verlaufen als vor der versammelten Klasse. Und der Lehrer hat dem Grundsatz genügt, dass die Intervention nicht größer ausfallen darf, als die Störung selbst. Der Disput zwischen Lehrer und Jessica im ersten Beispiel wird sicherlich einige kostbare Minuten Unterrichtszeit beanspruchen, die Störung durch Jessicas Verspätung im zweiten Beispiel dagegen dauert maximal 20 Sekunden.

An diesen beiden Beispielen können Sie erkennen, dass die Anwendungsmöglichkeiten der wichtigsten Prinzipien der Deeskalation vielfältig sind. Entscheidend ist die Beachtung der fünf zentralen deeskalativen Prinzipien:

1. Beziehung und Nähe aufbauen.
2. Wertschätzung praktizieren.
3. Gegnerschaft vermeiden – Gemeinsamkeit herstellen.
4. Größtmögliche Diskretion durch die Reduktion von Öffentlichkeit gewährleisten.
5. Führungsstatus absenken – flache Hierarchie schaffen.

3.1.7 Innere Haltung

Frühzeitig und niedrigschwellig

Die kleine und einmalige Unterrichtsstörung, die Kappe cool auf dem Kopf, die Trinkflasche neben dem Papierkorb, das Kaugummi im Mund, die erstmalige kleine Verspätung oder das einmalige Schellen des Handys im Unterricht – bei all diesen Vergehen handelt es sich nicht um Kapitalverbrechen, sondern um leichte und im Grunde harmlose Regelverstöße. Da sie aber im beruflichen Lehreralltag ständig vorkommen, stellen sie einen enormen Stressfaktor dar und kosten nicht nur Zeit, sondern auch Kraft und Nerven. Da ist die Neigung durchaus nachvollziehbar, aus Kraftgründen so manchen kleinen Regelverstoß einfach mal zu ignorieren. Und dennoch zeigen alle Untersuchungen und Studien, die in den letzten Jahren in den unterschiedlichsten Ländern zum Thema Unterrichtsstörungen durchgeführt worden sind, dass die konsequente, frühzeitige und angemessene Lehrerintervention den entscheidenden Faktor dafür darstellt, dass sich die Unterrichtsstörungen im Rahmen halten und nicht dazu führen, dass ganze Klassen kaum noch zu bändigen sind. Das Zauberwort ist Präsenz im Klassenzimmer: Der Ort des Unterrichtens ist weniger denn je an der Tafel oder hinter dem Lehrerpult.

Je unruhiger eine Klasse, desto größer die Notwendigkeit für die unterrichtende Lehrkraft, im gesamten Klassenraum präsent zu sein, um schon bei kleinen und harmlosen Regelverstößen rechtzeitig, konsequent und wertschätzend intervenieren zu können.

Aus diesen Gründen ist es notwendig, die Kunst der präventiven Deeskalation mit all ihren Techniken und Kniffen zu beherrschen. So, wie ein Schiedsrichter ein Spiel mit Ermahnungen und frühzeitigen Interventionen lenkt und nur im Ausnahmefall auf die Karten als disziplinierende Maßnahmen zurückgreifen muss, stellt die präventive Deeskalation das Hauptinstrumentarium zur Regulierung von leichten Regelverstößen und Grenzverletzungen dar. Die Konfrontation oder gar die Konsequenz wird nur bei wiederholt leichten oder auch bei mittleren und schweren Regelverstößen eingesetzt.

Daher möchten wir noch einmal betonen, dass wir uns bei der Vorstellung der deeskalativen Intervention ausdrücklich nur auf diese leichten und einmaligen Regelverstöße beziehen. Die dritte oder vierte Störung von zwei Schülerinnen oder Schülern in einer Stunde stellt keinen leichten Regelverstoß dar, sondern wird – ähnlich wie im Fußball auch – mit Konfrontation und/oder Konsequenz beantwortet. Und der beleidigende Zwischenruf einer Schülerin quer durch die Klasse an einen Mitschüler ist alles andere als ein leichter Regelverstoß. Auch in diesem Fall ist die Konfrontation der Schülerin die angemessene Art der Lehrerintervention. Aber seien wir ehrlich: Der überwiegende Teil der Regelverstöße kann als durchaus harmlos und leicht bezeichnet werden. Das belastende Element ist eher die Häufigkeit dieser harmlosen Fouls als ihre Schwere. Und genau diese Häufigkeit führt, wie wir unten zeigen möchten, dazu, dass die Angemessenheit einer Intervention nach leichten Regelverstößen so manches Mal auf der Strecke bleibt.

Doch bevor wir mögliche Gründe für einen allzu hohen Einstieg in leichte Regelverstöße aufzeigen, wollen wir das gelingende Element einer präventiven Deeskalation noch einmal betonen: Nach der Vorstellung und dem Training dieser präventiven Deeskalations-Techniken fragen wir in unseren Seminaren die Teilnehmerinnen und Teilnehmer, wie hoch ihrer Einschätzung nach die Erfolgsquote einer präventiven Deeskalation nach leichten Regelverstößen an ihrer Schule ist. Egal um welche Schulform es sich handelt, die Angabe ist immer ähnlich: ca. 90 Prozent.

> In 90 Prozent aller leichten Regelverstöße reicht eine niedrigschwellige Ansprache, und die betreffenden Schülerinnen und Schüler vollziehen die von ihnen erwartete Verhaltensänderung ohne nennenswerten Widerstand.

- Die Kappe wird vom Kopf genommen.
- Das Kaugummi wird ausgespuckt.
- Die Trinkflasche verschwindet im Papierkorb.
- Das Handy landet in der Tasche oder wird abgegeben.
- Die Unterrichtsstörung hört erst einmal auf.
- Die Süßigkeiten werden in die Tasche gesteckt.
- Die Ohrstöpsel werden aus dem Ohr genommen.

Und dennoch ist erstaunlich, wie viele leichte Regelverstöße es jeden Tag an jeder Schule gibt, in denen Lehrerinnen und Lehrer bereits in der ersten Ansprache scharf und konfrontativ reagieren und dadurch den jeweiligen Regelverstoß in einen Kampf um Gesicht und Autorität verwandeln. Einige der Ursachen für diese Art von unangemessener Intervention werden wir in den kommenden Abschnitten vorstellen.

Die Nerven liegen blank

PRAXIS

Sie kennen wahrscheinlich alle die folgende Situation: Sie haben gerade eine schwere Doppelstunde in der Klasse 8a unterrichtet und freuen sich auf den entspannenden Kaffee in der großen Pause. Es ist Freitagmittag kurz vor den Ferien. In der letzten Nacht haben Sie nicht besonders gut geschlafen, weil Ihnen die Pizza von Luigi quer im Magen gelegen hat. Doch was soll's: Die anstrengende Stunde ist vorbei und Sie gehen über den Schulhof Richtung Lehrerzimmer.

Auf dem Weg dorthin begegnet Ihnen Tobias, der gerade einen Trinkbecher neben den Papierkorb wirft und einfach weitergeht. Völlig verärgert über dessen flegelhaftes Verhalten schnauzen sie ihn unvermittelt an:

„Tobias, geht's noch? Was soll der Mist! Machst du das zu Hause auch? Bück dich gefälligst und schmeiß deinen Müll in den Papierkorb. Und zwar dalli!"

Die Reaktionen auf diese Szene, die wir in unseren Lehrertrainings vorspielen, fallen immer ähnlich aus:

„Menschlich – allzu menschlich." „Lehrerinnen und Lehrer sind keine Maschinen, die immer nach den hohen Regeln der Pädagogik funktionieren." Und außerdem: *„Tobias ist doch auch selbst schuld. Schließlich hätte er seinen Hintern auch ruhig mal bewegen können, wenn er schon seine Trinkflasche achtlos in die Gegend wirft."*

Bei allem Verständnis für den Stress in der Anstalt – wir verstehen unser Buch und unsere Trainings so, dass wir Hilfestellungen für die Bewältigung des nervenaufreibenden Jobs geben möchten, die auch professionell-pädagogischen Kriterien genügen. Und unter diesem Gesichtspunkt betrachtet haben wir einige kritische Anmerkungen zu dem oben beschriebenen Auftritt der Lehrerin: Tobias weiß nicht, aus welcher schweren Doppelstunde die Lehrerin gerade kommt. Er kann nicht unbedingt nachempfinden, wie schwierig es ist, Freitagmittag kurz vor den Ferien die Nerven zu kontrollieren. Und er war in der unruhigen Nacht auch nicht dabei. Aber eines weiß er genau: Die heftige und aggressive Reaktion steht in keiner Relation zur Schwere seines Regelverstoßes – die Ansprache ist völlig unangemessen. Er sieht den Auftritt der Lehrerin so, wie er es gewohnt ist, dass man ihm begegnet und wie man ihn behandelt: *„Immer ich!"* Die Unangemessenheit der Intervention führt er nicht auf die Angespanntheit der Lehrerin zurück, sondern interpretiert sie gemäß seinen Erfahrungen als Angriff auf seine Person. Und schon schnappt sie zu, die Falle des Gesichtsverlusts: Tobias kann sich nicht mehr bücken, ohne das Gefühl zu haben, sich zu erniedrigen. Für ihn ist ab diesem Moment das Bücken kein rein physiologischer Vorgang mehr, sondern eine Unterwerfung und Erniedrigung.

Das ist die professionelle Betrachtung der Szene. Und als pädagogischen Anspruch formulieren wir es so:

> Jede regelverletzende Person hat ein Recht darauf, so angesprochen zu werden, wie es die Schwere des Regelverstoßes verlangt – und nicht gemäß dem Zustand des Nervenkostüms der Lehrerin oder des Lehrers.

Jetzt stehen sich zwei Prinzipien gegenüber: auf der einen Seite die menschliche Ebene der Fehlbarkeit von Lehrerinnen und Lehrern und auf der anderen Seite der professionelle Anspruch der Gleichbehandlung der Schülerinnen und Schüler, unabhängig von den Nerven und der Kraft der jeweiligen Lehrperson.

Wir können an dieser Stelle leider keine Patentrezepte entwickeln, wie es Lehrerinnen und Lehrern gelingen kann, den stressigen und nervigen Arbeitsalltag so zu gestalten, dass Entgleisungen wie in der oben beschriebenen Szene nicht mehr vorkommen. Das ist eine Lebensaufgabe, die jede unterrichtende Person mit eigenen Ansätzen bewältigen muss.

Wir müssen uns daher an dieser Stelle auf einen einfachen Tipp beschränken: Nehmen Sie den Satz *„Jede Person, die einen leichten Regelverstoß begeht, hat ein Recht darauf, von mir deeskalativ angesprochen zu werden – egal wie genervt ich bin."* wie eine Art Mantra, das Sie sich innerlich kurz aufsagen, bevor Sie nach einem leichten Regelverstoß einen Schüler oder eine Schülerin ansprechen.

> Das Mindestmaß, das Sie von sich verlangen sollten, wenn Ihre Nerven blank liegen, ist eine professionell freundliche Ansprache.

Der schon wieder …

PRAXIS

Sie gehen wieder einmal über den Schulhof. Doch heute sind Sie ausgeschlafen, es ist kurz nach den Sommerferien, die Sonne scheint und Sie gehen guten Mutes nach einer entspannten Stunde in Richtung Lehrerzimmer. Eine Ihrer Lieblings-Schülerinnen, Natascha, begegnet Ihnen und wirft ein Papier neben den Papierkorb. Ihre Gedanken über den Vorfall sind wahrscheinlich: Natascha hat es eilig und möchte einer Mitschülerin noch eben die Matheaufgaben der letzten Stunde erklären. Jedenfalls geht sie ausnahmsweise weiter, ohne ihr Papier ordnungsgemäß zu entsorgen. Also sprechen Sie Natascha deeskalativ an: *„Ach Natascha. Ich weiß, du hast es eilig. Aber wirf doch bitte eben noch dein Papier in den Müll, das du gerade verloren hast. Okay?"*

Vorgetragen wurde diese deeskalative Ansprache mit einer tief empfundenen Freundlichkeit. Und natürlich müssen Sie sich nicht einmal umschauen, um zu überprüfen, ob Natascha Ihrer Bitte auch tatsächlich nachkommt – Sie zweifeln keine Sekunde daran, dass das Papier von Natascha ordnungsgemäß entsorgt wird.

Wenige Meter weiter beobachten Sie eine weitere Situation eines leichten Regelverstoßes. Doch dieses Mal ist es nicht eine Ihrer Lieblings-Schülerinnen, sondern ausgerechnet Ben, der seine Trinkflasche neben den Papierkorb schmeißt. Und diesen Ben haben Sie gefressen: Er ist einer der verhaltensauffälligsten Schüler dieser Schule. Immer wieder will er seine Coolness mit provokativem Verhalten unter Beweis stellen. Und für Sie ist klar: Dieser Fehlwurf von Ben geschah mit Absicht und ist wahrscheinlich eingebettet in eine ganze Serie von Regelverstößen, die er im Laufe eines Vormittags begeht: *„Ben, geht's noch? Was soll der Mist! Machst du das zu Hause auch? Bück dich gefälligst und schmeiß deinen Müll in den Papierkorb. Und zwar dalli!"*

Auch diese Situation werden Sie kennen und vermutlich mit einem wohlwollend-menschlichen Blick betrachten: *„Ich kann doch nicht alle Schülerinnen und Schüler gleichermaßen gern haben und wertschätzen. Ich bin doch keine Maschine."* Und natürlich steht es uns Autoren erneut nicht zu, darüber zu richten.

Aber dennoch haben wir auch an dieser Stelle einige professionelle Anmerkungen: Ben wird die Szene aus seiner Perspektive wie folgt wahrnehmen: *„Immer ich! Wenn andere das Gleiche machen, werden Sie respektvoll angesprochen; ich werde direkt aggressiv angebrüllt."* Erneut kommt er zu dem aus seiner Sicht naheliegenden Schluss, dass es gar nicht um die Trinkflasche, sondern gegen ihn als Person geht. Und wieder einmal liegen sein Selbstwert und sein Gesicht in der Waagschale der Kosten-Nutzen-Rechnung. Er wird sich vermutlich weigern, die Trinkflasche zu entsorgen, und die Situation droht zu eskalieren.

Der pädagogische Anspruch an Lehrerinnen und Lehrer kann daher nur lauten:

> Jede regelverletzende Person hat ein Recht darauf, so angesprochen zu werden, wie es die Schwere des Regelverstoßes verlangt – und nicht gemäß dem Kriterium, wie sehr die betreffende Lehrkraft sie mag.

Natürlich wäre es ein völlig weltfremder Ansatz, von sich zu verlangen, alle Schülerinnen und Schüler gleich zu mögen. Darum geht es auch nicht. Wir reden nicht von mögen, sondern von behandeln. Ben hat ein Recht darauf, ähnlich deeskalativ **behandelt** zu werden wie Natascha. Der Unterschied mag darin bestehen, dass in der Ansprache an Natascha mehr gefühlte Freundlichkeit und Wertschätzung mitschwingt als in der Ansprache an Ben. Aber dieser hat zumindest ein Recht darauf, **professionell** freundlich angesprochen zu werden. Denn was unterscheidet seinen Fehlwurf von dem von Natascha? In beiden Fällen handelt es sich um einen leichten Regelverstoß. Der Rest entsteht im Kopf des Betrachters:

- Wir unterstellen den beiden Protagonisten unterschiedliche Absichten: Bei Natascha war der Fehlwurf ein Versehen, bei Ben Absicht.
- Natascha ist in Eile, Ben ist faul.
- Natascha macht so etwas eigentlich nie, während Ben ständig solche und ähnliche Regelverstöße begeht.
- Natascha ist eine fleißige und nette Schülerin, Ben ist verhaltensauffällig.

Aber jeder dieser Punkte ist eine subjektive Zuschreibung. Auf der Verhaltensebene bleibt es dabei: Die beiden Regelverstöße waren gleich schwer bzw. leicht und erfordern – professionell betrachtet – eine gleiche Ansprache. Denn schließlich wollen auch wir Erwachsenen nach einem kleinen Verkehrsdelikt bei der Bemessung der Höhe des Bußgeldes weder von der Laune des Polizisten abhängig sein noch davon, wie sympathisch oder unsympathisch wir ihm sind. Die Grundlage unseres Rechtssystems lautet: Jeder ist vor dem Gesetz gleich!

Und aus diesem elementaren Grundsatz des Rechts auf prinzipielle Gleichbehandlung leiten wir den pädagogischen Anspruch ab, dass auch Ben ein Recht darauf hat, nach einem leichten Regelverstoß deeskalativ angesprochen zu werden.

> Ein leichter Regelverstoß verlangt einen deeskalativen Auftritt – egal, wie es um das Nervenkostüm oder die Zuneigung des jeweiligen Lehrers zur regelverletzenden Person bestellt ist.

Der provoziert mich ständig

Es gibt noch einen weiteren Grund, warum Kolleginnen und Kollegen in so manchen leichten Regelverstoß zu hoch einsteigen: Die Intention eines Regelverstoßes wird unterschiedlich wahrgenommen und fließt in die Bewertung mit ein. Und je stärker eine Lehrperson einen Regelverstoß als gegen sich gerichtet wahrnimmt und interpretiert, desto schwerer wird er bewertet – und desto konfrontativer fällt das Vorgehen gegen die regelverletzende Person aus. Umgekehrt gilt:

> Je weniger persönlich eine Lehrperson den jeweiligen Regelverstoß nimmt, desto wertschätzender und deeskalativer kann sie auftreten.

Daher sollten wir hier kurz die möglichen Gründe für Regelverstöße aufzeigen:

- Die meisten Regelverstöße passieren, weil sich die betreffenden Schülerinnen und Schüler durch die Einhaltung einer Regel eingeengt fühlen. Der Regelverstoß dient der **Erweiterung des Handlungsspielraums**: Kappe auf dem Kopf; Kaugummi kauen; Ablenkung vom Unterricht durch ein Nebengespräch; Schreiben einer Nachricht per SMS; Suchtbefriedigung und Entspannung durch die Zigarette; die Wärme im Gebäude während der großen Pause usw.
- Gegen manche Regeln wird auch aus **Unwissenheit** verstoßen. Lehrerinnen und Lehrer können nicht immer davon ausgehen, dass alle Schülerinnen und Schüler einer Schule das gesamte Regelwerk kennen.
- Eine weitere häufige Ursache für so manchen Regelverstoß ist **Vergesslichkeit und Nachlässigkeit**: Die betreffenden Schülerinnen und Schüler haben ihr Kaugummi im Mund vergessen, die Kappe auf ihrem Kopf zu Beginn der Stunde nicht wahrgenommen, die Zeit falsch eingeschätzt und die Pause überzogen usw.
- Es gibt viele Schülerinnen und Schüler, die sich an bestimmte Regeln nicht halten können, weil sie damit schlicht überfordert sind. Wie viele Unterrichtsstörungen in Form von Nebengesprächen geschehen auf der Basis von **Überforderung und Konzentrationsmangel**?
- Wieder andere Regelverstöße basieren auf der **Unterforderung** und daraus resultierender **Langeweile** mancher Schülerinnen oder Schüler.
- Eine weitere Ursache für Regelverstöße ist die **mangelnde prinzipielle Einsicht in den Sinn** der jeweiligen Regel: *„Schneebälle sind doch nicht schlimm."* / *„Die kleineren Schüler fangen doch nicht an zu rauchen, nur*

weil sie mich rauchen sehen.“ / „Das Papier auf dem Boden stört doch gar nicht.“ usw.

- Viele Regeln werden aber auch übertreten, weil die betreffenden Schülerinnen und Schüler keine **aktuelle Einsicht in den Sinn einer Regel** haben: *„Ich habe mit dem Schneeball doch auf den Körper gezielt und nicht auf den Kopf.“ / „Hier liegt doch überall Papier rum.“ / „Ich habe mich doch ganz leise unterhalten; das hat doch keiner gehört.“ / „Ich kann doch eine SMS schreiben und trotzdem aufpassen.“* Diese Regelverstöße geschehen „ausnahmsweise“.
- Manche Grenzen werden verletzt und gegen manche Regel wird verstoßen, weil Kinder und Jugendliche im **Affekt** handeln und ihre Verhaltensweisen nicht mehr kontrollieren können: *„Der hat mich die ganze Zeit geärgert.“ / „Der hat mich beleidigt.“* usw.
- Über Regelverstöße werden auch **Beziehungen** ausgehandelt: *„Hat mich die Lehrerin auch noch lieb, wenn ich mal was tue, was ihr nicht gefällt?“*
- Über Regelverstöße lässt sich ein **Image der Coolness** aufbauen. Coolness in diesem Sinne ist die Anerkennung seitens der Peer-Group.
- Durch Regelverstöße und die sich daraus entwickelnden Konflikte *(„Nö, mach ich nicht.“)* werden **Macht-Konstellationen** ausgehandelt: Wer hat hier das Sagen?
- Und natürlich gibt es Regelverstöße, mit denen die betreffenden Schülerinnen oder Schüler das Ziel verfolgen, die Lehrperson zu provozieren und ihr eins auszuwischen. In der Regel handelt es sich dabei um **Vergeltungshandlungen** für als unangemessen empfundene Auftritte, erlittene Demütigungen oder erlebte Gesichtsverluste. In diesen Fällen handelt es sich tatsächlich um Machtkämpfe: Du oder ich – so lautet die Konstellation dieser Art von Konflikten. Der jeweilige Anlass, also der konkrete Regelverstoß, ist nebensächlich und austauschbar. Das Ziel ist die Entwertung der Lehrperson durch das provokative Vorgehen nach dem Verstoß.

Wenn wir uns diese Liste (die keinen Anspruch auf Vollständigkeit erhebt) einmal ansehen, dann fällt auf, dass nur die beiden letzten Regelverstöße mit der Intention geschehen, die Lehrerin oder den Lehrer zu provozieren. Und wenn wir jetzt noch fragen, wie hoch denn der Anteil der gezielten Provokation gemessen an der kompletten Anzahl sämtlicher Regelverstöße tatsächlich ist, dann liegen wir vermutlich im kleinen einstelligen Prozentbereich. Das heißt: Nur die allerwenigsten Regelverstöße haben die Lehrperson als Adressaten. In den meisten Fällen sind die Lehrerinnen und Lehrer Randfiguren – nämlich Repräsentanten des Regelwerks.

Die subjektive Wahrnehmung vieler Lehrerinnen und Lehrer fällt oft anders aus: Wenn wir in unseren Trainings die Lehrerinnen und Lehrer fragen, wie viel Prozent der Regelverstöße sie als Provokationen gegen sich selbst empfinden, dann gibt es sehr unterschiedliche Angaben: Erfolgt die Befragung **vor** der oben vorgestellten Auflistung der Gründe für Regelverstöße, dann liegt die Zahl drastisch höher als **nach** der Erarbeitung der Gründe. Das bedeutet, dass viele Regelverstöße, die ursächlich nichts mit der Lehrperson zu tun haben (oder zumindest nicht gegen sie vorgenommen werden), von den betreffenden Lehrerinnen und Lehrer subjektiv durchaus als Angriff auf ihre Person empfunden werden. Erst durch Reflexion und Distanz verschiebt sich die Wahrnehmung, und eine große Anzahl von Regelverstößen kann nüchterner und vor allem wohlwollender betrachtet werden.

Daraus folgt: Eine weitere Ursache für die häufig unangemessene Ansprache nach leichten Regelverstößen besteht darin, dass das regelwidrige Verhalten fälschlicherweise als eine gegen die Lehrperson gerichtete provokative Handlung gesehen wird, der aber eigentlich ganz andere Beweggründe zu Grunde liegen. Eine nahe liegende Möglichkeit, nicht in diese Falle der Eskalation zu tappen, besteht darin, sich die Vielfältigkeit der möglichen Ursachen für Regelverstöße immer wieder bewusst zu machen und darüber sich selbst aus der „Schusslinie“ zu nehmen:

> Für die meisten Regelverstöße gilt aus Sicht der Lehrerinnen und Lehrer: „Ich bin als Person nicht gemeint. Der Regelverstoß ist nicht gegen mich gerichtet. Ich bin lediglich Repräsentant des Regelwerks.“

Weitere Gründe

Neben den bereits aufgezählten Ursachen gibt es weitere Gründe dafür, dass es nach leichten Regelverstößen zu einem zu harten und autoritären Lehrer-Einstieg kommen kann. Zwei dieser Gründe möchten wir nur kurz skizzieren:

- In unseren Schulen mangelt es oft an einer halbwegs **objektiven Bemessungsgrundlage** für die Schwere der jeweiligen Regelverstöße. Während der eine Lehrer (selbst Raucher) bei der Frage des Rauchens eher kulant auftritt und auch mal beide Augen zudrückt, wenn er Schülerinnen und Schüler mit einer Zigarette in der Hand sieht, verhängt eine andere Lehrerin (Nichtraucherin) für den gleichen Regelverstoß unmittelbar schwere Konsequenzen. Sinnvoll wäre demnach nicht nur die Verabschiedung eines gemeinsamen Regelwerks, sondern auch eine Verstän-

digung innerhalb eines Kollegiums darüber, wie leicht oder schwer der jeweilige Regelverstoß zu bewerten ist und wie das darauf reagierende Lehrerverhalten konkret ausfallen sollte.
- So mancher „Pauker alten Schlages" hängt einem **überkommenen Autoritäts-Modell** an und geht mit „gebührender Strenge und Härte" in jeden auch noch so leichten Regelverstoß hinein. In den Augen dieser Lehrerinnen und Lehrer ist jede Form von Deeskalation ein Zeichen von Schwäche und Autoritätsverlust.

Wertschätzende innere Haltung

Wir haben in den letzten Abschnitten mögliche Ursachen dafür aufgezeigt, warum es trotz der hohen Erfolgsquotienten von 90 Prozent immer wieder zu konfrontativen Auftritten selbst nach leichten Regelverstößen kommt:
- Blank liegende Nerven
- Stigmatisierung einzelner Schülerinnen und Schüler
- Unterstellung von Provokationen
- Uneinheitlichkeit im Kollegium
- Überkommene Vorstellungen von Autorität

Aus alldem folgt, dass die präventive Deeskalation nicht nur eine Frage der Anwendung von Mitteln und Techniken ist, sondern vor allem eine innere Haltung der Wertschätzung einer regelverletzenden Person gegenüber. Aber diese innere Haltung der Wertschätzung zu entwickeln, zu erneuern und auch über viele Dienstjahre hinweg zu erhalten erfordert einen Prozess permanenter Selbst- und Fremdreflexion. Eigene Haltungen und Handlungen müssen ständig überprüft und ggf. verändert werden. Und das Gleiche gilt für die Fremdbilder: Der Blick auf die jeweiligen Schülerinnen und Schüler, denen gegenüber man im pädagogischen Alltag allzu häufig die notwendige Wertschätzung vermissen lässt, muss ständig geschärft und hinterfragt werden.

> Deeskalation ist nicht nur eine Frage der korrekten Anwendung von Techniken, sondern eine innere Haltung der Wertschätzung.

3.2 Aktive Deeskalation

„Nö" oder „Nein"

Bis jetzt waren wir bei unserem Beispiel von Tobias und seiner Trinkflasche davon ausgegangen, dass Tobias nicht „auf Krawall gebürstet" ist. Demzufolge ist die Wahrscheinlichkeit sehr groß, dass er das Angebot der präventiven Deeskalation annimmt und den Fehlwurf ohne Gesichtsverlust korrigiert. Ein Konflikt (lat. conflictus = Zusammenstoß/Kampf) wurde vermieden – daher der Begriff der präventiven Deeskalation.

Verallgemeinert ausgedrückt: Ein Konflikt ergibt sich nicht dadurch, dass Schülerinnen oder Schüler leichte Regelverstöße begehen. Er entsteht erst durch das *„Nö, mach ich nicht ...“* als Reaktion auf die präventive Ansprache seitens der die Regel vertretenden Lehrerinnen oder Lehrer: Die Weigerung der Schülerinnen und Schüler, ihr Fehlverhalten zu korrigieren, initiiert somit einen Konflikt.

Bevor wir uns aber die unterschiedlichsten Weigerungen und Widerstände von Schülerinnen und Schülern und die darauf reagierenden Lehrerverhalten näher anschauen, werden wir zwischen einem *„Nö“* und einem *„Nein!“* differenzieren. Beleuchten wir also zunächst die Funktion eines Nös:

> Wir verstehen ein *„Nö, mach ich nicht“* als **spielerischen** Widerstand gegen die als Einengung empfundene Regel. Diese Form des Widerstands richtet sich also primär nicht **gegen** die Lehrkraft, sondern ist vielmehr eine Handlung **für** einen unmittelbaren und handfesten Nutzen, der sich durch den Regelverstoß ergibt.

Dieser Schüler-Nutzen kann jeweils sein: Das uncoole Bücken soll vermieden oder das Kaugummi weitergekaut werden; die Kappe soll auf dem Kopf bleiben, die Option für weitere Nebengespräche offengehalten oder die Abgabe des Handys verhindert werden.

Erkennbar ist die spielerische Form des Widerstands nicht zuletzt daran, dass auf das *„Nö ...“* zumeist Argumente folgen, so fadenscheinig diese auch sein mögen:

- *„Immer ich. Bei den anderen sagen Sie nie was!“*
- *„Bei Frau Schulze dürfen wir das auch.“*
- *„Nur ausnahmsweise. Ich habe doch nur ...“*
- *„Die anderen machen das doch auch.“*
- *„Das stört doch überhaupt nicht.“*

Ein erkennbares Merkmal des **spielerischen Widerstands** ist, dass die betreffenden Schülerinnen und Schüler in der Kommunikation mit der die Regel vertretenden Lehrperson bleiben. Ihr Versuch besteht darin, dieses Spiel zu ihren Gunsten zu entscheiden. Denn sollte die Lehrerin oder der Lehrer das Spiel verlieren, so die Hoffnung der Schülerinnen und Schüler, dann lässt sich aus der Niederlage Kapital in Form von Kaugummi, Kappe, weiteren Nebengesprächen, Vermeidung von Bücken oder weiterer Handybenutzung schlagen.

Ein *„Nein, mach ich nicht!“* wird dagegen mit einer **provokativen Intention** seitens der regelverletzenden Personen vorgebracht:

- In manchen Fällen richtet sich der provokative Widerstand gegen eine konkrete Lehrkraft und fungiert als **Vergeltungsaktion** für subjektiv empfundene Erniedrigungen, die man ihr zuschreibt.
- In vielen Fällen kann der Adressat eines provokativen Widerstands aber auch eine Lehrperson sein, die als Repräsentantin für „die Lehrer allgemein“ oder als Stellvertreterin für eine konkrete nicht anwesende Lehrperson oder auch die Eltern herhalten muss. Aber auch für diese Fälle der **Repräsentanz** gilt: Die Weigerung dient als Vergeltung für von anderen Lehrpersonen (oder auch von Eltern) zugefügte Verletzungen.
- Häufig hat der provokative Widerstand auch die Funktion, **Machtverhältnisse** zu klären und ggf. aus einem gewonnenen Machtkampf gegen eine Lehrperson Nutzen in Form eines Statuszuwachses zu ziehen. Die Abwertung einer Lehrerin oder eines Lehrers dient der vermeintlichen eigenen Aufwertung.
- Bisweilen dient der provokative Widerstand aber auch schlicht der **Erlangung von Aufmerksamkeit** seitens der betreffenden Lehrperson und/oder der Mitschüler.

> Der provokative Widerstand des „Nein!“ richtet sich direkt gegen die Lehrerin oder den Lehrer. Aus der intendierten Niederlage der Lehrperson soll ein eher psychologischer Nutzen für die regelverletzende Person erzielt werden: Vergeltung, Genugtuung, Steigerung des Selbst- und Fremdwertes, Statusgewinn und/oder Aufmerksamkeit.

Erkennbar ist der provokative Widerstand daran, dass er meist nicht mit Argumenten vorgebracht wird, sondern mit aggressiven und teilweise sogar beleidigenden Sätzen. Der provokative Widerstand selbst enthält also zumeist schon Handlungen, die den Tatbestand von schweren Regelverstößen (= Beleidigungen; respektloses Verhalten) erfüllen:

- *„Sie können mir gar nichts.“*
- *„Von Ihnen lass ich mir nichts sagen.“*
- *„Blöde Kuh.“*
- *„Verpiss dich.“ usw.*

Wenn sich ein **spielerisches „Nö“** derart fundamental von einem **provokativen „Nein!“** unterscheidet, dann muss sich dieser Unterschied auch in den Reaktionen der Lehrerinnen und Lehrer auf diese unterschiedlichen Arten von Widerstand niederschlagen. In diesem Kapitel werden wir uns daher zunächst ausschließlich mit dem spielerischen „Nö“ nach leichten Regelverstößen beschäftigen. Das provokative „Nein“ wird im letzten Kapitel zusammen mit dem Auftritt nach mittleren oder gar schweren Regelverstößen behandelt.

3.2.1 Die Regel gilt

„Spuck es aus …"

PRAXIS

Wir besuchen eine 9. Klasse; der Schüler Karim kaut entgegen der vereinbarten Regel während des Englisch-Unterrichts ein Kaugummi. Sein Fachlehrer sieht Karims Kauen, geht auf ihn zu und spricht ihn leise und präventiv-deeskalativ an:

„Karim, du hast vergessen, dein Kaugummi rauszutun. Wirf es bitte in den Papierkorb."

Doch trotz der freundlichen, niedrigschwelligen und beiläufigen Ansprache des Lehrers stößt die präventive Deeskalation in diesem Fall an ihre Grenzen. Karim gehört nicht zu den 90 Prozent der Schülerinnen und Schüler, die ohne nennenswerten Widerstand ihren leichten Regelverstoß korrigieren. Im Gegenteil: Karim möchte sein Kaugummi, das er sich gerade erst frisch in den Mund gesteckt hat, weiterkauen. Außerdem möchte er auch für künftige Stunden ausloten, ob es nicht doch eine Chance auf ein generelles Außerkraft-setzen der Kaugummiregel gibt. Das Ziel seines spielerischen Widerstands ist also ein ganz konkreter Nutzen: Karim will jetzt und auch künftig Kaugummi kauen:

„Karim, du hast vergessen, dein Kaugummi rauszutun. Wirf es bitte in den Papierkorb."

„Aber wieso das denn? Mein Vater hat mir einen Artikel gegeben, und da steht drin, dass man sich mit einem Kaugummi im Mund besser konzentrieren kann."

„Das ist wissenschaftlich überhaupt nicht belegt, und außerdem kannst du mit Kaugummi im Mund nicht so gut sprechen."

„Aber das waren Wissenschaftler, die das geschrieben haben. Können Sie meinen Vater fragen."

„Und es gibt andere Wissenschaftler, die was anderes schreiben. Du musst nicht immer alles glauben, was da drinsteht."

„Ja, was soll ich denn dann glauben?"

„Dass du mit einem Kaugummi im Mund nicht so gut artikulieren kannst."

„Aber eben haben Sie doch gesagt, ich soll nicht alles glauben. Und das glaube ich Ihnen jetzt nicht. Kann ich nämlich wohl."

„Dreh mir nicht das Wort im Mund herum. Fest steht: Mit Kaugummi kann man kein Englisch sauber aussprechen."
„Aber ich spreche doch gerade deutlich."
„Aber kein Englisch."
„Das ist doch kein Unterschied."
„Und ob."
„Dann nehme ich das Kaugummi kurz raus, wenn Sie mich drannehmen."
„Und wo klebst du es hin? Unter den Tisch, wo die anderen Kaugummis auch kleben?"

Wir blenden uns aus dem Dialog aus, denn er kann endlos dauern. Grob vereinfacht können wir sagen: Viel zu viele Worte seitens des Lehrers. Doch mit dieser Diagnose machen wir es uns ein wenig zu einfach. Denn der Redeschwall des Lehrers hat eine Ursache – und die gilt es zu beleuchten.

Einsicht in den Sinn

Die Frage lautet also: Warum verliert sich der Lehrer in dem oben genannten Beispiel in derart langen Sätzen? Die Antwort heißt: Weil er zu viel will. Das Ziel des Lehrers ist die Schaffung einer intrinsischen Motivation bei dem Schüler, damit dieser – auf der Basis einer Einsicht in den Sinn der Regel – sein Kaugummi nicht nur aktuell entsorgt, sondern auch künftig auf den Regelverstoß freiwillig verzichtet. Der Erkenntnisgewinn, zu dem Karim durch die Argumente des Lehrers gelangen soll, lautet also:

„Stimmt, Herr Lehrer. Jetzt, wo Sie es sagen, wird mir der Sinn der Kaugummi-Regel noch einmal richtig deutlich: Mit einem Kaugummi im Mund lässt sich eine Fremdsprache wie Englisch nicht adäquat erlernen. Denn eine gute Aussprache gehört zum Erlernen einer Fremdsprache ohne Zweifel dazu. Mein Regelverstoß verhindert also, dass ich richtig Englisch lerne. Vielen Dank für die Erkenntnis. Und natürlich werde ich auch künftig auf das Kaugummi in Ihrem und anderen Sprachunterrichten freiwillig verzichten."

Welchem Pädagogen geht da nicht das Herz auf? Das sind die Höhepunkte einer jeden pädagogischen Karriere. Aber haben Sie schon einmal einen derartigen Höhepunkt erlebt?

Und dennoch hat der Lehrer in dem oben genannten Beispiel etwas Gutes gewollt. Sein Pech bestand lediglich darin, dass er für die Schaffung einer intrinsischen Motivation eine ungeeignete Situation gewählt hat.

Das Ziel der Sinnstiftung im Zusammenhang mit Regeln ist ein hehres, sollte aber nicht während des aktuellen Konflikts um einen Regelverstoß angestrebt werden.

Erarbeitung eines Regelwerks

Bevor Schülerinnen und Schüler gegen Regeln überhaupt verstoßen können, müssen sie erst einmal aufgestellt werden. Zur Schulzeit der Autoren, also in den 60er und 70er Jahren, waren Regeln gültig: „Weil das so ist. Fertig. Aus!“ Die Sinnstiftung, also die Erarbeitung, Erklärung und Erläuterung der Hintergründe der jeweiligen Regeln, kam im Denken fast aller Pädagogen zur damaligen Zeit überhaupt nicht vor. Regeln wurden verkündet, aber nicht begründet. Es handelte sich um in Stein gemeißelte Monumente von ewiger Gültigkeit. Und zu Hause hieß der analoge Spruch: „Solange du deine Füße unter meinen Tisch stellst, tust du, was ich dir sage.“

Diese Zeiten sind zum Glück vorbei: Es lässt sich nicht mehr einfach von oben durchregieren. Hierarchien verflachen und Autorität muss man sich erwerben – sowohl in der Schule als auch in den meisten anderen gesellschaftlichen Bereichen. Wie schon in Kapitel 1 ausgeführt, halten wir es auch für die Erarbeitung von Autorität für unabdingbar, dass sich Lehrerinnen und Lehrer die notwendige Zeit nehmen, das jeweilige Regelwerk mit ihren Schülerinnen und Schülern sinnstiftend zu erarbeiten. Wie die Implementierung des Regelwerks konkret aussehen kann, hängt natürlich immer von der konkreten Klasse, der Schule und der jeweiligen Regel ab:

- In manchen Klassen ist es durchaus möglich, dass sich die Schülerinnen und Schüler die wichtigsten Regeln gemeinschaftlich und auf der Basis eines gemeinsamen Diskurses **selbst erarbeiten**. Die Rolle der jeweiligen Lehrkraft besteht in diesem Fall überwiegend darin, den Prozess moderierend zu gestalten.
- In anderen Klassen wiederum ist eine **stärkere Lenkung** des Prozesses der Implementierung des Regelwerks seitens der Lehrperson nötig. Das ist besonders dann sinnvoll, wenn es einen breiteren Widerstand gegen eine oder gar mehrere Regeln geben sollte, die beispielsweise in der Schulordnung verfasst sind. In diesem Fall beschränkt sich die Rolle der Lehrerin oder des Lehrers darauf, die jeweiligen Regeln genau zu begründen und ggf. auch zur Diskussion, nicht aber zur Disposition zu stellen.

Je stärker Regeln lediglich verkündet und „reingedrückt“ werden, desto stärker das Ausmaß des potenziellen Widerstands und des Gegendrucks der Klasse. Und umgekehrt lässt sich festhalten: Je umfassender eine Klasse an der Erarbeitung eines Regelwerks beteiligt wird, desto weitreichender wird die jeweilige Lehrperson von den Schülerinnen und Schülern ermächtigt (= mit Amtsautorität ausgestattet), wie eine Art Schiedsrichter auch über das verabschiedete Regelwerk zu wachen – und ggf. sogar Druckmittel wie Konfrontation oder Konsequenz anzuwenden, ohne dass diese zwangsläufig zu Instrumenten der Erniedrigung und Gewalt werden.

> Das Ziel der sinnstiftenden Implementierung eines Regelwerks unter weitreichender Beteiligung der Schülerinnen und Schüler dient nicht nur der Schaffung einer intrinsischen Motivation, sondern auch der Etablierung einer Amtsautorität.

Von der Sinnstiftung zum Machtwort

Wir machen uns keine Illusionen: Wir sind natürlich nicht der Überzeugung, dass in diesem Prozess der Implementierung einer Regel trotz weitreichender Partizipation alle Schülerinnen und Schüler einer Klasse von der Sinnhaftigkeit einer Regel zu überzeugen sind. Es wird immer eine mehr oder weniger große Anzahl von Kindern und Jugendlichen geben, die den jeweiligen Sinn trotz aller Argumente nicht teilen werden. Daher darf der Prozess der Implementierung von Regeln auch nicht endlos dauern. Und wir sind auch nicht der Meinung, dass dieser Prozess der Erarbeitung eines Regelwerks auf Augenhöhe verläuft: Im Zweifelsfall wird über die jeweilige Regel nicht demokratisch abgestimmt, sondern die Lehrperson behält sich das Recht vor, eine unliebsame Regel auch einmal zu setzen.

Dazu ein Beispiel: In der Schulordnung einer weiterführenden Schule wurde die Regel festgelegt, dass Handys im Unterricht ausgeschaltet sind und bei Nichtbefolgung dieser Regel das Handy der Lehrperson auszuhändigen ist. Am Ende des Schultages kann es dann im Sekretariat wieder abgeholt werden. Die Rolle der Lehrperson an dieser Schule beschränkt sich in dem Prozess der Implementierung der Regel also darauf, ihrer Klasse die Gründe für diese Schulregel genau aufzuzeigen. Eventuell kann sie in ihrer Klasse sogar eine Diskussion über das Für und Wider der Handy-Regel zugelassen. Doch wenn beispielsweise nach zehn Minuten Erläuterung und Diskussion dieser Schulregel alle Argumente ausgetauscht sind und einige Schülerinnen und Schüler immer noch an deren Sinnhaftigkeit zweifeln, bricht die Lehrperson den Prozess ab und greift auf das Machtwort zurück:

„Wir haben jetzt alle Argumente des ‚Für und Wider‘ ausgetauscht. Ich denke, die meisten von euch können die Regel nachvollziehen. Einige werden sie immer noch blöd finden. Okay. Aber die Regel gilt. Und zwar für alle. Die Handys sind während des Unterrichts ausgeschaltet in der Tasche. Und wer gegen diese Regel verstößt, muss es abgeben und kriegt es am Ende des Tages im Sekretariat zurück.“

> Während des gesamten Prozesses der Implementierung einer Schulregel darf zu keiner Zeit das Gefühl entstehen, die jeweilige Regel stünde zur Verhandlung. Schulregeln stehen zur Diskussion – aber nicht zur Disposition.

Wir möchten an dieser Stelle keine allgemeingültigen Empfehlungen dahingehend geben, wie der Prozess der Erarbeitung bzw. Implementierung eines Regelwerks genau auszusehen hat. Auch vermögen wir nicht einzuschätzen, wie häufig diese Art von Sinnstiftung vollzogen werden sollte: einmal pro Schuljahr, bei Übernahme einer neuen Klasse oder zu Beginn der Einschulung? Wir möchten an dieser Stelle lediglich ein Plädoyer dafür abgeben, den Prozess der Sinnstiftung nicht zu unterschätzen und ihn im Sinne der Transparenz, Wertschätzung, Druckminderung und Etablierung einer Amtsautorität gewissenhaft vorzunehmen.

Denn was würden Sie sagen, wenn Ihre Schulleitung Ihnen Regeln und Verfahren ohne jede Form von Sinnstiftung „reindrücken" würde? Vermutlich würden Sie sich missachtet fühlen, die Autorität der Schulleitungsmitglieder infrage stellen und auf die Barrikaden gehen.

Klare Botschaft – klarer Auftritt

Kehren wir zurück zu dem Lehrer, der in dem Konflikt um das Kaugummi viel zu viele Worte verloren und mit dem Schüler eine Endlos-Diskussion geführt hat. Er hat etwas Gutes gewollt, es aber zu einem falschen Zeitpunkt vollzogen. Das Ziel der vielen Lehrerworte war die Schaffung einer intrinsischen Motivation beim kaugummikauenden Schüler während der laufenden Unterrichtsstunde. Gut gemeint ist manchmal das Gegenteil von gut gemacht.

Wir plädieren für eine strikte Arbeitsteilung:

> Der Prozess der Sinnstiftung wird zeitlich vom Regelverstoß abgekoppelt. Die Sinnstiftung erfolgt bei der Implementierung eines Regelwerks. Findet nach der Implementierung eines Regelwerks ein Regelverstoß statt, unterbleibt die Sinnstiftung.

Und das aus mehreren Gründen:

- Regelverstöße finden im schulischen Alltag fast immer unter **Zeitknappheit** statt: während des Unterrichts oder während der Pause. Der Versuch einer Sinnstiftung würde zusätzliche Zeit in Anspruch nehmen, die auf Kosten der Unterrichts- oder Pausenzeit ginge.
- Die Schaffung einer intrinsischen Motivation macht abhängig. Die regelverletzende Person müsste nur die Sinnstiftung ablehnen („*Sehe ich überhaupt nicht ein. Das stört doch überhaupt nicht.*"), und schon würde

die Lehrperson in der anschließenden Auseinandersetzung in die Defensive geraten. Denn solange diese an ihrer Zielsetzung festhält („*Jetzt sieh doch endlich ein, dass …*"), müsste die regelverletzende Person sich einfach nur gegen die Einsicht verschließen („*Sehe ich aber trotzdem nicht ein.*"), und schon kehrt sich das Machtverhältnis um: **Die Lehrperson wird abhängig** von der Einsichtsfähigkeit der Schülerin oder des Schülers, die sie bzw. er ganz einfach verweigern kann.

- Ein klares Auftreten verlangt immer eine **Klarheit der Botschaft**. Wer zu viele Ziele auf einmal erreichen will (= Einsicht in die Gültigkeit der Regel plus Einsicht in die Sinnhaftigkeit der Regel), läuft Gefahr, sich zu verzetteln und an Klarheit und Autorität zu verlieren. Die aber ist dringend erforderlich, wenn Schülerinnen und Schüler nach Regelverstößen ihren spielerischen Widerstand artikulieren.

Aus diesen Überlegungen folgt eine ganz einfache Grundregel:

> Nach einem Regelverstoß verfolgen Lehrerinnen und Lehrer ein zentrales Ziel, nämlich der regelverletzenden Person zu vermitteln, dass die Regel gilt – und nicht, dass sie sinnvoll ist.

Es wird vorausgesetzt, dass die regelverletzende Person die Regel und ihre Hintergründe kennt. Das Ziel der Lehrerintervention besteht also lediglich darin, der regelverletzenden Person zu vermitteln, dass die Regel gilt:

- Das Kaugummi gehört in den Mülleimer.
- Keine Nebengespräche im Unterricht.
- Die Zigaretten werden ausgemacht.
- Nur wer drangenommen wird, darf sprechen.
- Keine Kappe im Unterricht.
- Handys bleiben ausgeschaltet in der Tasche.

So einfach und klar lauten sinngemäß die zentralen Botschaften nach Regelverstößen. Eventuell nötige Sinnstiftungen werden aus dem aktuellen Konflikt herausgenommen und zu einem späteren Zeitpunkt betrieben: *„Jens, wir diskutieren das jetzt nicht. Ich möchte unterrichten. Lass uns das nach der Stunde in Ruhe besprechen. Jetzt packst du bitte deinen Schokoriegel weg."*

> Ein klarer Auftritt setzt immer eine klare innere Haltung und eine sich daraus ergebende klare Botschaft voraus: Die Regel gilt.

3.2.2 Die Spielregeln bestimmen

Keine Rechtfertigungen

Eine weitere Falle, in die Lehrerinnen und Lehrer nach Regelverstößen häufig tappen, ist die Rechtfertigungs-Falle. Auch für diesen Fallstrick geben wir ein praktisches Beispiel:

PRAXIS

Eine Schülerin stört den Unterricht, indem sie während einer Stillarbeitsphase ein Nebengespräch mit ihrer Nachbarin führt. Die unterrichtende Lehrerin spricht die Wortführerin dieses Gesprächs, Mandy, zunächst präventiv deeskalativ an. Dazu nähert sie sich weiter unterrichtend unauffällig dem Tisch der Störerin und ermahnt sie dann leise und beiläufig:

„Mandy, keine Nebengespräche. Wir haben Stillarbeit. Mach bitte deine Aufgabe."
„Mach ich doch. Und außerdem: Die anderen arbeiten doch auch nicht."
„Die anderen sind aber still, und du jetzt nicht."
„Aber Lena hat eben auch gestört."
„Lena habe ich auch ermahnt. Und die ist jetzt still."
„Sie kriegen das doch gar nicht mit, wenn die stört. Die stört viel öfter als ich."
„Das stimmt doch gar nicht. Und jetzt mach bitte deine Aufgabe."
„Die habe ich schon fertig – jedenfalls fast."
„Okay, aber störe dann bitte nicht die anderen."
„Die meisten sind doch auch schon fertig."
„Aber noch nicht alle. Da drüben wird noch gearbeitet."
„Ja, aber …"

Die Lehrerin ist in die Rechtfertigungs-Falle getappt. Sie glaubte, auf jedes Argument von Mandy eine passende Antwort parat haben zu müssen. Und allein dadurch ist sie in dem Gespräch in die Defensive geraten. Die Gesprächsführung hatte die Schülerin, während die Lehrerin in Erklärungsnöte geriet. Und das Ergebnis ist wieder einmal: Der Konflikt dauert zu lange, die Schülerin geht in die Führung und die Lehrerin verliert an Ausstrahlung und Autorität. Stellen Sie sich nur einmal vor, ein Schiedsrichter würde sich auf die Diskussionsangebote der foulenden Spieler einlassen …

> Wer nach einem Regelverstoß in die Falle der Rechtfertigungen und Diskussionen tappt, spielt das Spiel der Schülerinnen und Schüler, gerät in die Defensive und verliert an positiver Autorität.

Aussage gegen Aussage

Wir möchten Ihnen noch ein weiteres Beispiel für die Spielchen der Kinder und Jugendlichen nennen:

PRAXIS

Tim spielt im Unterricht unter der Bank mit seinem Handy. Die Lehrerin sieht sein Tippen auf der Tastatur und geht daher auf ihn zu. Der Schüler lässt sein Handy blitzschnell in seiner Hosentasche verschwinden und schaut die Lehrerin unschuldig an. Diese ergreift daraufhin die Initiative:

„Tim, du hast auf deinem Handy getippt. Du kennst unsere Regel. Gib es mir bitte. Du weißt, wann du es wiederkriegst."

„Wieso, ich habe doch gar nichts gemacht."

„Ich habe es gesehen: Du hast gerade noch getippt."

„Was? Stimmt doch gar nicht."

„Ich habe es aber genau gesehen."

„Können sie gar nicht. Ich habe nur ein Papiertaschentuch aus meiner Hosentasche geholt."

„Es war kein Taschentuch, sondern dein Handy."

„Kann nicht sein. Hier ist mein Taschentuch."

„Ich weiß doch, was ich gesehen habe."

„Und ich habe gesehen, dass es lediglich ein Taschentuch war. Und dabei ist mein Handy mit rausgerutscht. Aber ich habe es nicht benutzt."

„Aber ich habe doch gesehen, wie du mit deinem Daumen daran gespielt hast. Meine Augen sind trotz Brille richtig gut."

„Aber so gut können die gar nicht sein, denn ich habe es gar nicht gemacht."

„Doch."

„Nein."

„Also gut – bevor wir jetzt noch lange diskutieren: Pack es in deine Tasche und beim nächsten Mal nehme ich es dir wirklich ab."

Wieder einmal tappt die Lehrerin in die Rechtfertigungs-Falle. Sie rechtfertigt sich für das, was sie gesehen hat. Auch in diesem Konflikt spielt sie das Spielchen des Schülers. Die geführte Diskussion über Wahrnehmung, Sehschärfe und Brillenstärke zwischen Schüler und Lehrerin verläuft auf Augenhöhe: Bei den Fragen *„Wer hat was gesehen?"* und *„War ich's oder war ich es nicht?"* steht Aussage gegen Aussage. Eine Klärung ist so definitiv nicht möglich. Und solange die Frage, ob Tim sein Handy benutzt hat oder nicht, offen ist, hat die Lehrerin keine weitere Handhabe, ihm das Handy abzunehmen. Und da sie sich zunehmend in die Defensive gedrängt sieht, zieht sie durch ein Zugeständnis ihren Kopf aus der Schlinge …

Wir können also feststellen, dass der spielerische Widerstand von regelverstoßenden Schülerinnen und Schülern sich überwiegend auf „Argumente“ stützt, die folgende Funktionen erfüllen sollen:

- Die eine Regel vertretenden Lehrerinnen und Lehrer sollen in die **Defensive** gedrängt werden, indem sie sich rechtfertigen (= ihr Recht fertigen).
- Die Schülerinnen und Schüler versuchen, die **Führung** in dem Konflikt zu übernehmen.
- Die Lehrerinnen und Lehrer sollen auf Felder geführt werden, auf denen sie einen möglichst **schweren Stand** haben: *„Die anderen …“, „Das haben Sie gar nicht gesehen“, „Ihre Kollegen sagen auch nie was …“*
- Auf diesen Feldern steht meist Aussage gegen Aussage. Dadurch herrscht eine Art Augenhöhe. Die Lehrerinnen und Lehrer verlieren hier ihre Führungsposition, während sich dadurch für die regelverletzenden Personen ein **Machtgewinn** ergibt.
- Lehrerinnen und Lehrer sollen in **Erklärungsnöte** und Rechtfertigungszwang gebracht werden.
- Das letztliche Ziel des spielerischen Widerstands ist das Zugeständnis der in die Defensive geratenen Lehrperson: *„Ja gut, jetzt steck dein Handy in die Tasche. Aber beim nächsten Mal …“*

Wir wollen nicht behaupten, dass sich die regelverletzenden Personen ihrer Spielchen und deren Folgen bewusst sind. Aber sicherlich haben sie ein feines Gespür dafür, wie sie die Spiele gestalten müssen, damit sie deren Regeln auch bestimmen und zu ihren Gunsten gestalten können.

Die Führung nicht aus der Hand geben

Das Dilemma der Lehrerin beginnt damit, dass sie glaubt, sich angesichts der gegenteiligen Behauptungen des Schülers dafür rechtfertigen zu müssen, dass sie den Regelverstoß tatsächlich auch gesehen hat. Und mit dieser inneren Haltung gerät sie bereits in die Defensive und spielt das Spiel des Schülers. Denn wenn sie sich ihrer Wahrnehmung sicher ist, und davon gehen wir in dem Beispiel aus, dann steht es ihr als Vorgesetzte des Schülers auch zu, diese Wahrnehmung als Fakt zu setzen.

> Es ist die legitime Inanspruchnahme einer Führungsposition, die eigene Sichtweise **über** die des Schülers zu stellen, und nicht **daneben**.

Und schon sieht der gleiche Konflikt ganz anders aus:

„Tim, du hast auf deinem Handy getippt. Du kennst unsere Regel. Gib es mir bitte. Du weißt, wann du es wiederkriegst."

„Wieso, ich habe doch gar nichts gemacht."

„Ich habe es gesehen: Du hast gerade noch getippt."

„Was? Stimmt doch gar nicht."

„Keine Diskussion: Gib mir bitte das Handy."

„Was? Stimmt doch gar nicht."

„Tim, das Handy bitte."

„Ich habe doch nur ein Papiertaschentuch aus meiner Hosentasche geholt."

(wohlwollend lachend): *„Netter Versuch, aber leider vergeblich: Gib es bitte ab. Du kriegst es doch bald wieder."*

„Hier ist mein Taschentuch. Da können sie es sehen."

„Ich möchte dein Handy sehen, und nicht dein Taschentuch. Also gib es mir bitte."

„Aber ich habe es doch überhaupt nicht benutzt."

„Tim, mach es bitte."

„Das ist total ungerecht."

„Bitte."

Die Lehrerin hat zu Beginn des Dialogs dem Schüler deutlich gemacht, dass die Verantwortung für den Regelverstoß eindeutig bei ihm liegt: „Ich habe das Tippen gesehen und damit ist der Regelverstoß Fakt", so lautet sinngemäß ihre Erklärung. Und nach dieser Festlegung von Fakten unterläuft die Lehrerin im weiteren Verlauf des Konflikts sämtliche Versuche des Schülers, eine Aussage-steht-gegen-Aussage-Situation zu schaffen, indem sie sich auf ihre zentrale Botschaft besinnt: Die Regel gilt – du gibst dein Handy ab.

Sie werden natürlich anführen, dass es doch auch jetzt keine Garantie dafür gibt, dass Tim sein Handy wirklich abgibt. Stimmt, diese Garantie kann Ihnen niemand geben. Und dennoch behaupten wir, dass Sie durch einen klaren, konsequenten und wertschätzenden Auftritt die Chancen für die Abgabe drastisch erhöhen können – und mehr können Sie in der Situation nicht tun.

Umgekehrt stellt sich die Frage: Warum sollte Tim sein Handy abgeben, wenn er doch sein Spiel erfolgreich spielen kann? Solange die Frage der Verantwortung nicht geklärt ist, weil Aussage gegen Aussage steht, solange er die Führung in dem Konflikt hat, solange sich die Lehrerin in Erklärungsnöten und unter Rechtfertigungszwang sieht – so lange hat Tim sicheren Boden unter den Füßen und befindet sich in dem Spiel in einem klaren strategischen Vorteil. Und daher ist die Wahrscheinlichkeit der Abgabe denkbar gering.

Vergleichen Sie bitte einfach noch einmal die beiden Durchgänge und betrachten Sie sie unter folgender Fragestellung: In welchem Durchgang wirkt der Lehrer souveräner, in welchem Durchgang strahlt er mehr Autorität aus? Die Antwort fällt unserer Meinung nach eindeutig aus. Und diese souveräne Ausstrahlung im zweiten Durchgang ist das Ergebnis einer abgeklärten inneren Haltung: Der Lehrer hat das Spiel von Tim durchschaut, war sich seiner Führungsposition gewiss und hat das Heft des Handelns in der Hand behalten. Ein Zugeständnis, um den Kopf aus der Schlinge zu ziehen, war aus Sicht des Lehrers nicht nötig.

Entscheidung ist auf'm Platz

Wir haben weiter oben geschrieben, dass es das Ziel der Spiele aus Schülersicht sei, die Lehrerinnen und Lehrer in die Defensive zu drängen, ihnen die Führung aus der Hand zu nehmen und sie in Erklärungsnöte und Rechtfertigungszwänge zu bringen. Aber wir müssen noch einen Schritt weitergehen. Denn alle diese strategischen Ziele sind nur notwendige Zwischenschritte hin zu dem letztlichen Ziel, das Handy nicht abgeben zu müssen oder das Kaugummi im Mund und die Kappe auf dem Kopf behalten zu dürfen.

Um die heimlichen Spielregeln dieser Spiele besser verstehen und nach eigenen Bedürfnissen gestalten zu können, ist es hilfreich, sie noch einmal aus einer im wahrsten Sinne *körper-sprachlichen* Perspektive zu betrachten: Wir sprechen im Zusammenhang mit Konflikten von *Stand*-punkten – und auch von Zuge-*ständ*-nissen. Der Standpunkt der Lehrerin ist klar: „Ich werde dein Handy bekommen." Aber auch der Standpunkt des Schülers ist eindeutig: „Ich werde mein Handy behalten." Und schon beginnt das Spiel, das da lautet: Wer *stand-fester* ist und den eigenen Standpunkt länger behauptet, der gewinnt das Spiel – wer seinen Standpunkt als Erster aufgibt, verliert und muss ein Zugeständnis machen. Also spielen Schülerinnen und Schüler ihre kleinen Psycho-Spielchen, denn intuitiv wissen sie:

> Nur wer innerlich fest ist, kann auch äußerlich einen festen Standpunkt vertreten.

Folgerichtig gestalten sie ihre Spielzüge so, dass der innere Standpunkt des Gegners möglichst schnell ins Wanken gerät: Die Lehrperson soll sich rechtfertigen und nach Erklärungen und Argumenten suchen; sie soll sich auf Nebenschauplätzen kräftemäßig aufreiben; sie soll an der Legitimität ihrer Ansprüche zweifeln; sie soll sich in Diskussionen verstricken und wertvolle Unterrichtszeit schwinden sehen; sie soll das Gefühl bekommen, dass mit der Abgabe der Führung in dem Konflikt auch ihre Autorität schwindet; sie soll durch das forsche Auftreten ihrer Kontrahenten eingeschüchtert werden. Kurz und gut: Mittels geschickter Spielzüge sollen Lehrerinnen und Lehrer psychisch derart destabilisiert und aus dem Gleichgewicht gebracht werden, dass ihre innere Haltung („Ich werde dein Handy bekommen") ins Wanken gerät. Und aus diesem inneren Wanken soll, so die Hoffnung der geschickt spielenden Schülerinnen und Schüler, ein äußeres *Zu*-geständnis resultieren: „Na gut, dann pack dein Handy in deine Tasche. Aber beim nächsten Mal ist es weg." In einem einfachen Satz zusammengefasst lautet das Grundmuster sämtlicher taktischer Winkelzüge aus der Sicht der Schülerinnen und Schüler also:

> Lehrerinnen und Lehrer sollen so verunsichert und geschwächt werden, dass sie ihren Standpunkt nicht mehr halten können und zu Zugeständnissen bereit sind.

Im Unterricht klingen die Spielzüge dann ungefähr so: *„Wieso immer ich?", „Die anderen doch auch", Das ist doch gar nicht schlimm, was ich tue", „Wieso regen Sie sich so darüber auf?", „Ich war das gar nicht", „Nur weil ich Ausländer bin", „Sie sind ungerecht", „Andere Lehrer sind viel besser", „Ich werde mich beschweren", „Sie dürfen das gar nicht", „Das ist doch Schikane", „Sie haben mich auf dem Kieker"* – und so weiter, und so weiter …

Wer sich als Lehrerin oder Lehrer innerlich wie äußerlich auf diese Spielzüge einlässt, gerät ins Hintertreffen. Aber bleiben wir sportlich und fair:

> Die Spielchen der Kinder und Jugendlichen sind legitime Mittel zur Durchsetzung eigener Interessen.

Und wenn wir Erwachsenen so ungeschickt sind, auf deren Spielzüge immer wieder hereinzufallen, dann sollten wir weniger Zeit darauf verschwenden, über die Gegenspieler zu meckern, als uns an die eigene Nase zu fassen und zu fragen: Wie können wir unser eigenes Spiel aufziehen, damit wir nicht ständig als Verlierer vom Platz gehen? Ein beiläufiger Ausspruch der Trainer-Ikone Sepp Herberger wurde zu einer unumstößlichen Fußballwahrheit und soll als Orientierung dienen: „Nach dem Spiel ist vor dem Spiel." Also müssen wir für das nächste Spiel trainieren, uns taktisch neu einstellen und vor allem auch an unserer mentalen Einstellung arbeiten:

- **Ich durchschaue die Spiele** der regelverletzenden Personen: Schülerinnen und Schüler wollen sich aus der Verantwortung stehlen, Nebenspielschauplätze finden, die Führung in dem Konflikt übernehmen, mich in Erklärungsnöte bringen und dadurch in die Defensive drängen.
- Ich bin mir **meiner Führungsposition bewusst** und setze sie auch ein: Ich bestimme, welches Spiel wir spielen; es steht mir zu, Fakten zu setzen.
- Ich benötige **keine Argumente**, sondern lediglich den klaren Standpunkt, dass ich die Gültigkeit der Regel zu verkörpern habe.
- Ich bin mir meiner Botschaft und meines Ziels bewusst: Es geht in diesem Konflikt ausschließlich um die **Gültigkeit der Regel.** Meine zentrale Botschaft lautet also: Die Regel gilt.

> Ein selbstsicherer Auftritt fußt auf der inneren Haltung des „Sich-seiner-selbst-sicher-Seins".

3.2.3 Klare Botschaft – weiche Vermittlung

Durchsetzungsfähigkeit und Wertschätzung

In den beiden letzten Abschnitten haben wir die Grundlage gelegt für ein klares Auftreten auf der Basis einer geklärten inneren Haltung. Es ging dabei ausschließlich um die Durchsetzung des Ziels, einer außer Kraft gesetzten Regel wieder zur Gültigkeit zu verhelfen. Doch die bedingungslose Durchsetzung von Regeln durch das sture Beharren auf dem eigenen Standpunkt kann und darf nicht das alleinige Ziel einer Lehrerintervention sein. Die Verbindung von Durchsetzungsfähigkeit mit Wertschätzung der regelverletzenden Person gegenüber bildet die Grundlage einer positiven Lehrerautorität und ist die Latte, an der sich Lehrerverhalten messen lassen muss. In den folgenden beiden Abschnitten werden wir also die Frage der Wertschätzung ins Zentrum der Betrachtung rücken.

Der graue Dunst steigt auf …

Schauen wir uns daher einen weiteren Konflikt nach einem leichten Regelverstoß unter Wertschätzungs-Aspekten genauer an.

PRAXIS

Eine Gruppe von vier Kolleg-Schülerinnen, allesamt älter als 18 Jahre, steht auf dem Schulhof und raucht. An dieser Schule hat man folgende Vereinbarung mit den Schülerinnen und Schülern getroffen: Ein generelles Rauchverbot auf dem gesamten Schulgelände, wie es das Gesetz eigentlich vorschreibt, ist faktisch nicht durchführbar. Denn die Raucherinnen und Raucher verlassen dann mit ihren Zigaretten das Schulgelände und rauchen auf dem Bürgersteig vor dem Schulhof. Da sich aber die Anwohner über den damit verbundenen Lärm, die Blockierung der Bürgersteige und die vielen Zigarettenstummel auf dem Boden und in den Vorgärten beschwert haben, hat man folgende Übereinkunft getroffen und diese auch als Regel verkündet: Auf dem Gelände des Schulhofes wurde ein Areal markiert und als Raucherzone ausgewiesen; dort wird das Rauchen toleriert. Auf dem gesamten übrigen Gelände jedoch ist das Rauchen verboten. Innerhalb des Kollegiums hat man sich darauf geeinigt, das Rauchen in den verbotenen Bereichen nicht mit Konsequenzen zu sanktionieren, sondern lediglich durch permanente Anwesenheit und Kontrolle zu erschweren. Die Befürchtung innerhalb des Kollegiums war, dass sich durch die notwendigen ständigen Sanktionierungen der Raucherinnen und Raucher das Klima an der Schule dramatisch verschlechtern würde. Also wurde das Rauchen im Nichtraucherbereich lediglich als leichter Regelverstoß definiert. Das Kollegium hat sich wechselseitig dazu verpflichtet, durch permanente Präsenz dafür zu sorgen, dass diese Regel auch tatsächlich umgesetzt wird, indem die rauchenden Schülerinnen und Schüler immer wieder möglichst deeskalativ in die Raucherbereiche geschickt werden.

Eine Lehrerin führt gerade Aufsicht und sieht die Gruppe von vier Raucherinnen in einer klar als rauchfrei definierten Zone stehen. Folgerichtig geht sie in die Gruppe hinein mit der Zielsetzung, dafür zu sorgen, dass die Schülerinnen ihre Zigarette entweder ausmachen oder aber in den Raucherbereich wechseln:

Lehrerin *„Hallo, Sie stehen hier in einer rauchfreien Zone. Ich möchte Sie bitten, in den Raucherbereich zu gehen.“*

Schülerin 1: *„Aber wo ist denn der Unterschied, ob wir hier rauchen, oder zehn Meter weiter.“*

Lehrerin: *„Sie kennen die Regel. Gehen Sie bitte rüber.“*

Schülerin 1: *„Aber was soll das denn, das ist doch reine Schikane.“*

Lehrerin: *„Gehen Sie bitte rüber.“* (strenger Ton)

Schülerin 2: *„Da hinten zieht es wie Hechtsuppe. Und außerdem ist doch hier niemand, den wir belästigen könnten.“* (gereizter Ton)

Lehrerin: *„Gehen Sie bitte rüber.“* (strenger Ton)

Schülerin 3: *„Hier sind schon zig Kollegen von Ihnen vorbeigekommen. Und keiner hat was gesagt.“* (gereizter bis aggressiver Ton)

Lehrerin: *„Gehen Sie bitte rüber.“* (strenger Ton)

Schülerin 2: *„Sagen Sie mal, können Sie auch was anderes sagen!“* (aggressiver Ton)

Lehrerin: „*Gehen Sie bitte rüber.*“ (strenger Ton)
Schülerin 1: „*Von Ihnen lassen wir uns überhaupt nichts sagen. Was wollen sie denn machen, wenn wir nicht gehen?*“ (aggressiver Ton)
Lehrerin: „*Gehen Sie bitte rüber.*“ (strenger Ton)
Schülerin 1: „*Sie können uns gar nichts. Sie kennen uns ja nicht mal.*“ (aggressiver Ton)
Schülerin 4: „*Genau: Wir bleiben hier!*“ (triumphierender Ton)

Brechen wir den Konflikt an dieser Stelle ab. Allem Anschein nach ist er gekippt: Den Schülerinnen geht es nicht mehr um die Frage, ob und wo sie ihre Zigarette rauchen, sondern um die Wahrung ihres Gesichts. Und bei dem Konflikt handelt es sich auch nicht mehr um ein Spiel, sondern das Spiel ist zum Kampf mutiert. Daher ist es nötig zu analysieren, worin die Ursachen für das Kippen des Konflikts liegen:

- Die Lehrerin geht zunächst präventiv deeskalierend vor, indem sie die Schülerinnen freundlich auf den Regelverstoß hinweist und sie anschließend bittet, mit ihren Zigaretten in die Raucherzone zu wechseln.
- Den Raucherinnen ist der Gang in die Raucherzone offensichtlich lästig und sie beginnen mit einem spielerisch-argumentativen Widerstand.
- Die Lehrerin wendet nach der präventiven ersten Ansprache die **Technik der kaputten Schallplatte** an: Gebetsmühlenartig und wörtlich wiederholt sie – quasi als Entgegnung auf die spielerischen Argumente der rauchenden Schülerinnen – immer wieder ihre zentrale Botschaft: „*Gehen Sie bitte rüber.*“ Diese Botschaft spricht sie durchgehend mit einem strengen, aber nicht aggressiven Ton aus.
- Die Schülerinnen reagieren auf die Wiederholungen der Lehrerin zunehmend gereizt und aggressiv.
- Die Lehrerin bleibt bei ihrer Strategie der Anwendung der kaputten Schallplatte, ohne ihrerseits den Konflikt weiter zu eskalieren.
- Im letzten Drittel des Konflikts verändern die Schülerinnen ihre Form des Widerstands: Er ist nicht mehr spielerisch-argumentativ, sondern zunehmend aggressiv-provokativ.

Nach dieser vordergründigen Analyse geht die Eskalation des Konflikts von den Schülerinnen und nicht von der Lehrerin aus. Denn schließlich hat sie nichts anderes gemacht als das, was wir in den letzten beiden Abschnitten postuliert haben: Die Lehrerin hat sich nicht in die Defensive treiben, hat sich nicht in Diskussionen verwickeln lassen, hat die Schülerinnen nicht aus der Verantwortung entlassen und ihre zentrale Botschaft gebetsmühlenartig wiederholt: „*Gehen Sie bitte rüber.*“

Sprung in der Platte

Und dennoch sind wir der Meinung, dass die Lehrerin durch ihr Verhalten ganz maßgeblich zur Eskalation des Konflikts beigetragen hat.

Um diese These zu belegen, möchten wir einige Erfahrungen aus unseren Lehrertrainings anführen. Unsere Seminare sind durchweg praktisch ausgerichtet und bestehen zu einem großen Teil aus Übungen und Rollenspielen. Und genau dieses Rollenspiel mit der Rauchergruppe haben wir in den entsprechenden Seminaren hundertfach durchgeführt: Wir bitten einige Lehrerinnen und Lehrer, in die Rolle der Raucher zu schlüpfen, und wir selbst übernehmen die Rolle der Lehrerin bzw. des Lehrers. Wir bitten die Rollenspielerinnen, zunächst einmal nicht „auf Krawall gebürstet“ zu sein, aber spielerischen Widerstand zu leisten. Wie sie dann auf die Lehrerin bzw. den Lehrer mit der kaputten Schallplatte reagieren werden, sollen sie in dem Spiel aus dem Bauch heraus entscheiden.

Das Ergebnis ist zu 90 Prozent mit dem identisch, was oben beschrieben wurde: Nach anfänglichem spielerischen Widerstand reagieren die Rollenspielerinnen und -spieler zunehmend gereizt und aggressiv auf die kaputte Schallplatte der Lehrerin bzw. des Lehrers und weigern sich standhaft, der Bitte nachzukommen. Die Begründungen dafür lauten sinngemäß: Wir fühlen uns durch den Auftritt der Lehrpersonen gedemütigt; den Gang in die Raucherecke empfinden wir als Niederlage und können ihn nicht mehr ohne Gesichtsverlust durchführen.

Der Scheidepunkt in dem Konflikt ist nach einhelliger Aussage der Rollenspielerinnen und -spieler die wörtliche Anwendung der kaputten Schallplatte. Mit dieser Technik verlässt die Lehrperson die Ebene der Deeskalation. Die kaputte Schallplatte schafft Distanz und erzeugt bei den Adressaten ein Gefühl von Ohnmacht und Wut: „Egal, was du sagst, das prallt alles ab. Du redest wie mit einer Wand. Die Lehrperson wirkt arrogant. Das macht total aggressiv“, so lautet die Rückmeldung der Akteurinnen und Akteure nach dem Rollenspiel. Deeskalation aber, so haben wir im letzten Kapitel definiert, basiert auf Wertschätzung, auf Beziehung im Sinne von emotionaler Nähe, auf einer flachen Hierarchie und auf der Vermeidung von Gegnerschaft. Und genau diesen Kriterien widerspricht die wörtliche Anwendung der kaputten Schallplatte. Sie lässt jede Wertschätzung vermissen („Alles prallt ab.“), führt zu einer Form von Beziehungsabbruch („Du redest gegen eine Wand.“), die Hierarchie wird steil („Die Person wirkt total arrogant.“) und die kaputte Schallplatte produziert Gegnerschaft („Das macht total aggressiv.“).

Wenn aber Deeskalation die Verbindung von Durchsetzungsfähigkeit mit Wertschätzung ist, dann ist die wörtliche Anwendung der oben genannten Prinzipien (keine Diskussionen; keine Rechtfertigungen, keine Sinnstiftung, Besinnung auf die zentrale Botschaft) in Form einer kaputten Schallplatte kontraproduktiv: Der Konflikt droht zu eskalieren.

> Die kaputte Schallplatte ist keine Deeskalations-, sondern eine Konfrontations-Technik und kann zur Verschärfung von Konflikten beitragen.

Aikido-Technik

Der Ausweg aus dem sich andeutenden Dilemma besteht darin, eine verbale Deeskalations-Technik anzuwenden, die zwei Dinge miteinander vereinbart: Klarheit der Botschaft (Die Regel gilt!) mit der Aufwertung der jeweiligen Personen, der Gestaltung der Beziehungsebene und der Vermeidung von Gegnerschaft. Der Kern dieser Technik besteht darin, dass – im Gegensatz zur kaputten Schallplatte – die Argumente des Gegenübers nicht geblockt und ignoriert, sondern aufgegriffen, wertgeschätzt und umgewandelt werden in Richtung des eigenen Ziels: Die Regel gilt. Diese Technik nennen wir die Aikido-Technik. Denn das Wesensmerkmal der Aikido-Kampfkunst besteht darin, das Gegenüber nicht als Gegner zu sehen, sondern als Partner. Und dessen Energien und Kräfte werden in einem Konflikt nicht etwa geblockt, sondern sie werden aufgegriffen, wertgeschätzt (= Energiegeschenk) und in eine gemeinsame Richtung umgelenkt. Übertragen auf unseren Konflikt mit den Raucherinnen könnte die Anwendung der Aikido-Kampfkunst-Techniken etwa so aussehen:

Lehrerin *„Hallo, Sie stehen hier in einer rauchfreien Zone. Ich möchte Sie bitten, in den Raucherbereich zu gehen."*

Schülerin 1: *„Aber wo ist denn der Unterschied, ob wir hier rauchen oder zehn Meter weiter."*

Lehrerin: *„Das haben wir doch alles diskutiert und wurde mit der Schülervertretung abgesprochen. Kommen Sie, gehen Sie bitte rüber."*

Schülerin 2: *„Aber mit uns wurde nichts abgesprochen."*

Lehrerin: *„Stimmt. Aber mit ihren gewählten Vertretern – und die haben Sie darüber informiert. Und deswegen möchte ich einfach nur, dass Sie sich an diese Absprachen halten und dort drüben rauchen."*

Schülerin 3: *„Aber hier ist doch niemand, den wir mit unseren Zigaretten stören. Das ist doch reine Schikane."*

Lehrerin: „*Aber so ist nun mal die Regel – und das wissen Sie doch auch. Halten Sie sich bitte dran, okay.*“

Schülerin 4: „*Und warum gehen dann andere Lehrer einfach vorbei und sagen nichts dazu? Sie sind die Einzige, die meckert.*“

Lehrerin: „*Zu den anderen Lehrern kann ich nichts sagen. Aber meine Haltung ist klar: Machen Sie die Zigaretten entweder aus oder gehen Sie bitte rüber – kommen Sie.*“

„*Ja – ist ja schon gut.*“

Analysieren wir die Vorgehensweise der Lehrerin und deren Auswirkungen auf den Konflikt:

- Wie schon im ersten Durchgang tritt die Lehrerin freundlich und präventiv-deeskalativ an die Schülerinnen heran und bittet Sie, die Regel zu beachten und mit den Zigaretten in Richtung Raucherbereich zu gehen.
- Die Schülerinnen leisten argumentativ-spielerischen Widerstand: Sie klopfen im Laufe des Konflikts alle möglichen Felder ab („*Wir wurden nicht gefragt*“; „*Hier ist doch sonst keiner, den das stört*“; „*Andere Lehrer sagen auch nichts*“), um auszuloten, ob es nicht Möglichkeiten gibt, die Lehrerin in die Defensive zu treiben und sie dadurch zu dem Zugeständnis zu bewegen, an der verbotenen Stelle weiterrauchen zu dürfen.
- Im Gegensatz zum ersten Durchgang wendet die Lehrerin bei beginnendem Widerstand nicht die Technik der kaputten Schallplatte, sondern die Aikido-Technik an: Sie greift mit einer kurzen Bemerkung das jeweilige Argument der Schülerinnen wertschätzend auf, lässt es gelten, stellt ab und zu ihre Meinung daneben und überführt mit einem letzten Satz jeden ihrer kurzen Beiträge in Richtung zentraler Botschaft: Die Regel gilt. Und diese Kernbotschaft wiederholt sie nicht wörtlich, sondern mit immer neuen Formulierungen. Ihr Tonfall bleibt durchgehend freundlich.

Wir führen diesen Durchgang in unseren Seminaren mit den gleichen Rollenspielerinnen und -spielern durch, die auch den ersten Durchgang mit der kaputten Schallplatte erleben durften, und lassen sie anschließend vergleichen. Durchgehend geben die betroffenen Lehrerinnen und Lehrer sinngemäß folgende Rückmeldungen:

- Es ist bei der Aikido-Technik wesentlich schwerer, standhaft zu bleiben und nicht in die Raucherecke zu gehen, als im Rollenspiel mit der kaputten Schallplatte.
- Nach der Aikido-Technik ist ein Wechsel in die Raucherecke ohne Gesichtsverlust möglich – bei der kaputten Schallplatte nicht.

- Die Anwendung der kaputten Schallplatte macht aggressiv und verleitet zu größerem und energischerem Widerstand. Die Aikido-Technik dagegen signalisiert Wertschätzung.

Auch für diese Situation gilt, was wir oben bereits festgestellt haben: Es gibt keine Garantie dafür, dass die Schülerinnen tatsächlich ihr Verhalten ändern und den Gang in die Raucherecke antreten. Wenn sie „auf Krawall gebürstet" sind, werden sie sich auch weiterhin weigern, der Erwartung der Lehrerin Folge zu leisten. Aber die Wahrscheinlichkeit, dass sich Konflikte verhärten und zu Kämpfen mutieren, ist durch die Anwendung der Aikido-Technik im Gegensatz zur Anwendung der Technik der kaputten Schallplatte deutlich gesunken – die gesichtsverlustfreie Befolgung der Regel ist den Widerstand leistenden Schülerinnen und Schülern auch nach 30- bis 40-sekündigem „Nö – mach ich nicht!" immer noch möglich.

> Die Aikido-Technik schafft den Spagat zwischen Durchsetzungsfähigkeit und Wertschätzung: Sämtliche kurze wertschätzende Einlassungen auf die jeweiligen Schüler-Argumente werden immer wieder überführt in die zentrale Botschaft: Die Regel gilt.

Die wollen doch nur spielen …

Zu Beginn dieses Kapitels haben wir zwischen spielerisch-argumentativem und provokativem Widerstand gegen eine Regel unterschieden. In allen bisherigen praktischen Beispielen sind wir zunächst davon ausgegangen, dass es sich um die erstgenannte Form von Widerstand handelt:

- Tobias wollte das lästige und uncoole Bücken vermeiden.
- Karim wollte sein Kaugummi weiterkauen.
- Mandy und Lena wollten sich die Option für weitere straffreie Nebengespräche offenhalten.
- Tim wollte sein Handy behalten.
- Die Kolleg-Schülerinnen wollten sich den lästigen Weg in die Raucherecke ersparen.

Allen Schülerinnen und Schülern ging es um die Erweiterung ihres Handlungsspielraums und um die Erfüllung von Bedürfnissen, die sie durch die jeweilige Regel eingeengt und verhindert sahen. Die jeweiligen Lehrerinnen und Lehrer waren nicht die unmittelbaren Adressaten des spielerischen Widerstands. Das heißt: Der spielerische Widerstand richtete sich in keinem der angeführten Beispiele gegen die Person der Lehrerin oder des Lehrers, sondern immer nur gegen ihre Funktion als Repräsentanten des Regelwerks.

> Die Kunst der aktiven Deeskalation nach einem Regelverstoß besteht darin, den eigenen Auftritt so zu gestalten, dass auch die Schülerinnen und Schüler erkennen können, dass das konsequent-wertschätzende Beharren auf der Gültigkeit der Regel nicht gegen ihre Person, sondern ausschließlich gegen ihr Verhalten gerichtet ist.

In Worte übersetzt lautet der deeskalative Auftritt daher sinngemäß: „Ich bin der Repräsentant der Regel, gegen die ihr gerade verstoßt. Ich kann nachvollziehen, dass ihr gerne mehr Freiraum hättet und euch dafür auch einsetzt. Aber die Regel gilt."

Zugespitzt könnte man formulieren: In der aktiven Deeskalation leisten die eine Regel vertretenden Lehrerinnen und Lehrer spielerischen Widerstand gegen den spielerischen Widerstand der Schülerinnen und Schüler – bestimmen jedoch die Spielregeln!

Solange ein Konflikt nach einem Regelverstoß spielerische Züge behält, ist aus Sicht der Schülerinnen oder Schüler, die den Regelverstoß begehen, eine Korrektur ihres Verhaltens ohne Gesichtsverlust möglich. Denn ein Spiel kann man ohne Gesichtsverlust verlieren – einen Kampf nicht.

> Entwickelt sich ein Konflikt von einem Spiel zu einem Kampf, kommt es zu einem Gewinner-Verlierer-Modell: Eine der beiden Parteien verliert mit dem Konflikt immer auch ihr Gesicht bzw. ihre Autorität. Nach einem Spiel dagegen können – unabhängig vom Ausgang – stets beide Parteien ihr Gesicht bzw. ihre Autorität wahren.

3.2.4 Nicht-eskalierende Beharrlichkeit

Immer eine Schippe drauf

Kehren wir zurück in die Raucherecke und schauen wir uns die folgende Eskalation eines Konflikts an:

PRAXIS

Lehrerin „*Hallo, Sie stehen hier in einer rauchfreien Zone. Ich möchte Sie bitten, in den Raucherbereich zu gehen.*"

Schülerin 1: „*Aber wo ist denn der Unterschied, ob wir hier rauchen oder zehn Meter weiter.*"

Lehrerin: „*Das haben wir doch alles diskutiert und mit der Schülervertretung abgesprochen. Kommen Sie, gehen Sie bitte rüber.*"

Schülerin 2: „*Aber mit uns wurde nichts abgesprochen.*"

Lehrerin: „*Das ist Ihr Problem, wenn Sie sich um Ihre Angelegenheiten nicht kümmern. Gehen Sie bitte rüber.*" (leicht gereizter und schärferer Ton)

Schülerin 2: „*Wie: unser Problem? Unsere Schülervertreter haben doch sowieso nichts zu melden. Die werden doch einfach überstimmt – und fertig.*“

Lehrerin: „*Wir diskutieren hier nicht über die Schulkonferenz. Gehen Sie rüber in die Raucherecke. Dort dürfen Sie rauchen – hier nicht!*“ (scharfer Ton)

Schülerin 3: „*Das ist doch reine Schikane von Ihnen. Hier ist niemand, den unsere Zigarette stören könnte.*“

Lehrerin: „*Doch: mich. Und jetzt Schluss der Debatte: Sie gehen rüber.*“ (lauter und aggressiver Ton)

Schülerin 4: „*Wenn Sie der Qualm stört, müssen Sie nur weitergehen. Sie sind doch zu uns gekommen, und nicht wir zu Ihnen.*“

Lehrerin: „*Sie gehen unverzüglich in die Raucherecke, ansonsten können Sie sich bei der Schulleitung melden.*“ (Befehls-Ton)

Wir haben uns hier aus dem Konflikt ausgeblendet, ohne abzuwarten, ob die Schülerinnen mit ihren Zigaretten in den Raucherbereich hinübergehen oder den Weg der Konsequenz wählen. Fakt ist, dass der Konflikt an einen Punkt gelangt ist, an dem die Schülerinnen nur noch verlieren können: Entweder sie gehen in die Raucherecke und verlieren ihr Gesicht, oder aber sie bleiben, wahren ihr Gesicht und bekommen die Konsequenz zu spüren.

Die Vergeltung der Vergeltung der Vergeltung …

Um diese Verengung des Konflikts künftig zu vermeiden, lohnt sich der erneute Aufwand, die oben beschriebene Auseinandersetzung einmal genauer zu analysieren:

- Zunächst einmal ist die Lehrerin, wie schon in allen vorherigen Beispielen auch, niedrigschwellig und deeskalativ in den Konflikt hineingegangen. Sie hat die Schülerinnen freundlich auf den Regelverstoß aufmerksam gemacht und sie gebeten, mit den Zigaretten in den Raucherbereich zu gehen.
- Daraufhin begannen die Schülerinnen mit ihrem argumentativ-spielerischen Widerstand.
- Die erste Reaktion der Lehrerin auf den spielerischen Widerstand fiel zunächst noch deeskalativ aus: Sie griff das erste Argument auf, schätzte es wert und überführte es anschließend in ihre bittende Erwartung, in die Raucherecke zu wechseln. Der Ton der Lehrerin war durchgehend freundlich.
- Eine der Schülerin erwiderte daraufhin trotzig, dass sie an der Entscheidung der Schülervertretung nicht beteiligt gewesen seien.

- Diese Antwort seitens der Schülerin 2 („*Mit uns wurde nichts abgesprochen.*“) setzte die Eskalationsspirale im Gang: Die Lehrerin reagierte auf diesen Beitrag, indem Sie ihren Status anhob und den Ton deutlich verschärfte: „*Das ist Ihr Problem …*“
- Mit jedem weiteren Beitrag – egal von welcher Seite – wurde die Eskalationsspirale ein Stück höhergeschraubt: Der Tonfall auf beiden Seiten wurde schärfer und aggressiver. Ein Wort gab das andere. Die Eskalationsspirale funktionierte nach dem Prinzip der Vergeltung der Vergeltung der Vergeltung und endete im Kampf bzw. auf der Konsequenz-Ebene.

Diese Art von schleichender Eskalation basiert auf einem einfachen und menschlich nachvollziehbaren Faktor: Der spielerische Widerstand von Kindern und Jugendlichen gegen eine Regel wird spätestens nach dem zweiten oder dritten „*Nö, mach ich nicht …*“ von uns Eltern, Lehrkräften oder Sozialarbeitern nicht mehr als spielerisch wahrgenommen, sondern als Provokation empfunden. Der Geduldsfaden reißt und wir glauben, unsere Autorität nur dadurch wahren zu können, dass wir auf den anhaltenden Widerstand mit wachsender Intensität reagieren. Wir tappen in die Falle einer sukzessiven Anhebung unseres Führungsstatus: Mit jeder Antwort auf den Widerstand werden wir strenger und meistens auch aggressiver.

Die innere wie äußere Rechtfertigung für die als notwendig empfundene Verschärfung ist dabei die folgende: Die Schülerinnen und Schüler sind für die Eskalation verantwortlich. Denn schließlich haben sie sich durch ihren mehrmaligen Widerstand meinen Anweisungen widersetzt: „*Ich kann mir ja nicht alles bieten lassen*“, „*Ich mache mich doch nicht zum Narren*“ oder „*Das musste doch sein, sonst wäre das noch ewig gegangen*“, so lauten die Rechtfertigungen für die sukzessive Anhebung des Status. Aus dem Recht auf Eskalation („*Die Schülerinnen und Schüler haben schließlich angefangen*“) wird eine Pflicht zur Eskalation: „*Es geht um meine Autorität.*“

Schauen wir uns die Gegenseite des Konflikts, also die rauchenden Schülerinnen, an. Wie empfinden sie die Eskalation? „*Auf unsere Argumente ist die Lehrerin überhaupt nicht eingegangen, sondern hat uns blöd angemacht. Die war ganz schnell gereizt, nur weil wir nicht direkt rübergegangen sind. Die war total genervt. Da sind wir vielleicht auch ein bisschen lauter geworden. Aber wir müssen uns doch nicht alles bieten lassen, nur weil wir ein paar Meter außerhalb der Raucherzone standen.*“ Das gleiche Schema: Die eigene Verschärfung des Konflikts wird gerechtfertigt als Reaktion auf das provokative Verhalten der Gegenseite.

Die Vergeltung der Vergeltung der Vergeltung: Jede Seite empfindet und legitimiert die eigene Eskalation als Reaktionen auf die Verschärfung der Gegenseite: „Ich bin Opfer, der andere ist Täter. Ich habe mich nur gewehrt."

Der Ausstieg aus dem Einstieg

Uns geht es nicht um einseitige Schuldzuweisungen und wir möchten nicht den Eindruck erwecken, parteiisch zu sein. Die Frage, wer in diesen eskalierenden Konflikten Recht hat, ist müßig und lässt sich nicht beantworten. Entscheidend ist vielmehr: Wie können wir die schleichende Eskalation vermeiden?

Die Antwort kann nur lauten: Durch einseitigen Ausstieg bzw. durch einseitigen Nicht-Einstieg. Dafür ist eine klare innere Haltung notwendig, die auf drei Erkenntnissen basiert:

1. Der spielerische (und sich bisweilen auch im Ton vergreifende) Widerstand von Schülerinnen und Schülern nach einer deeskalativen Ansprache ist **lästig, aber legitim**: Damit sollen die Grenzen ausgelotet und die tatsächliche Gültigkeit einer als Einschränkung empfundenen Regel überprüft werden. Und nebenbei angemerkt: Das haben wir früher auch so gemacht. Und auch heute lassen wir uns als Erwachsene nicht alles gefallen …
2. Eine Verschärfung der Ansprache als Reaktion auf den spielerischen Widerstand der Schülerinnen und Schüler ist **ineffektiv und kontraproduktiv**: Die Fronten verhärten sich, die Eskalation ist vorprogrammiert und die Konsequenz-Ebene wahrscheinlich.
3. Eine nicht-eskalierende Beharrlichkeit wird von den Schülerinnen und Schülern nicht als Schwäche, sondern als **Stärke** wahrgenommen.

Die Verinnerlichung dieser drei Punkte ist die Basis einer klaren inneren Haltung, mit der Lehrerinnen und Lehrer in den Konflikt nach leichten Regelverstößen hineingehen und Eskalationen auf ihrer Seite vermeiden können. Der Rest ist Übung und Training.

Sich selbst erfüllende Prophezeiung

Das Prinzip einer nicht-eskalierenden Beharrlichkeit klingt theoretisch einleuchtend, ist aber in der Praxis nicht ganz einfach umzusetzen. Denn die meisten von uns Eltern, Lehrerinnen und Lehrern oder Sozialarbeiterinnen und Sozialarbeitern praktizieren seit Jahren und manchmal auch Jahrzehnten die schleichende Eskalation. Und diese funktioniert auf der Basis einer sich selbst erfüllenden Prophezeiung: Der fortgesetzte Widerstand der Kinder und Jugendlichen gegen eine Regel wird, auch wenn er zunächst spielerisch ausfällt, mit zunehmender Dauer als Provokation und Machtkampf empfunden. Auf diese Provokationen wird mit einer sukzessiven Anhebung des eigenen Führungsstatus geantwortet: Der Ton wird mit jedem „*Nö,...*" strenger. Aber mit jeder Statusanhebung wächst nicht nur der Druck auf die Kinder und Jugendlichen, sondern dieser kehrt als Gegendruck zu uns zurück. Und da mit jedem eingesetzten Druck auch das Ausmaß des Gegendrucks zunimmt, dauert es keine 30 Sekunden, und wir Erwachsenen bekommen die Bestätigung dafür, dass unsere Grundannahme („*Die wollen mich doch bloß provozieren.*") richtig war: Der Widerstand der Kinder und Jugendlichen ist nicht mehr spielerisch, sondern tatsächlich aggressiv und provokativ. Was wir in derartigen Situationen dann gern übersehen, ist die Tatsache, dass wir durch unsere schleichende Statusanhebung maßgeblich zu dieser Eskalation beigetragen haben.

> Den Mechanismus einer schleichenden Eskalation infolge einer sukzessiven Statusanhebung zu durchbrechen, erfordert Bewusstheit und Übung. Die Alternative dazu ist die Aktive Deeskalation mit ihrer nicht-eskalierenden (wertschätzenden) Bestimmtheit und Beharrlichkeit.

3.2.5 Die Grundprinzipien der Aktiven Deeskalation

Nicht immer – aber immer öfter

Die Aktive Deeskalation ist das wichtigste und zugleich schwierigste Instrumentarium zur Bewältigung von Konflikten im schulischen Kontext – und das aus mehreren Gründen:

- Leichte Regelverstöße kommen in jeder Unterrichtsstunde und jeder Pause dutzendfach vor. Und aus so manchem dieser Regelverstöße entwickelt sich durch das anschließende „*Nö, mach ich nicht ...*" ein spielerischer Konflikt. Im schulischen Alltag sind es daher in aller Regel nicht die mittleren oder gar schweren Regelverstöße, die zur Hauptbelastung der Lehrerinnen und Lehrer führen, sondern die **Häufigkeit der Konflikte** nach leichten Regelverstößen.
- Aus den in den letzten Abschnitten bereits ausführlich behandelten Gründen (Stress; blanke Nerven; Stigmatisierung einzelner Schülerinnen oder Schüler; mangelnde pädagogische Geschlossenheit) stoßen Lehrerinnen und Lehrer häufig an ihre **psychischen und physischen Grenzen**. Die Folge: In vielen Fällen bleibt der wertschätzende Umgang nach leichten Regelverstößen auf der Strecke.

- Die notwendige Voraussetzung für einen konsequenten und wertschätzenden Auftritt nach leichten Regelverstößen ist eine klare innere Haltung – und auch dafür braucht es **Kraft, Bewusstheit und Nerven.**

Aus diesen Gründen erscheint es uns wichtig, die zentralen Prinzipien der Aktiven Deeskalation, die wir in den letzten Abschnitten entwickelt haben, noch einmal zusammenzufassen.

Einfluss statt Druck

Wie wir oben bereits dargelegt haben, richtet sich der Widerstand der Schülerinnen und Schüler in den Konflikten nach leichten Regelverstößen in den meisten Fällen nicht gegen die Person des Lehrers oder der Lehrerin, sondern gegen die als Einengung empfundene Regel oder Grenze. Das *„Nö, mach ich nicht …“* ist zunächst in aller Regel spielerisch-argumentativ und nicht provokativ-aggressiv. Daher ist es aus der Sicht der Lehrkräfte das zentrale Ziel der Aktiven Deeskalation, den Konflikt ebenfalls als „Spiel“ zu sehen und einen eigenen Beitrag dazu zu leisten, dass aus diesem „Spiel“ kein Machtkampf wird. Aus diesem Grunde wird während der Aktiven Deeskalation weitgehend auf den Einsatz von Druck als Mittel zur Durchsetzung einer Regel verzichtet:

- Lehrerinnen und Lehrer agieren nach leichten Regelverstößen deeskalativ: Als Autoritätspersonen nehmen sie konsequent (Die Regel gilt) und wertschätzend (Aikido-Technik, Beziehungsebene, niedriger Führungsstatus usw.) **Einfluss** auf die regelverletzende Person, damit diese zurückkehrt zu regelkonformem Verhalten. Und da die Aktive Deeskalation weitgehend frei ist von Druck, erfolgt auch die Rückkehr zu regelkonformem Verhalten im Kern **freiwillig.** Mit dieser freiwilligen Akzeptanz der Regel erkennt die regelverletzende Person gleichzeitig die Autorität der jeweiligen Lehrperson an.
- Lehrerinnen und Lehrer agieren **fair und gerecht**: Alle Schülerinnen und Schüler erfahren nach einem leichten Regelverstoß die gleiche deeskalative Behandlung. Nach einem mittleren oder gar schweren Regelverstoß allerdings interveniert die Lehrperson konfrontativ oder gar mit einer Konsequenz (s. u.).
- Lehrerinnen und Lehrer agieren **berechenbar**, damit die regelverletzenden Personen einfache „Wenn-dann-Rechnungen“ aufmachen können: „Wenn ich dieses oder jenes tue, dann muss ich mit dieser oder jener Reaktion rechnen.“ Ohne diese kalkulierbare Rechnung wäre eine Übernahme von Verantwortung seitens der Schülerinnen und Schüler für ihr Verhalten nicht möglich.

- Lehrerinnen und Lehrer sind die **Repräsentanten** des gültigen Regelwerks und treten nach Regelverstößen konsequent auf: Die Regel gilt! Das Ziel der deeskalativen Intervention ist es, die **Gültigkeit** – und nicht die Sinnhaftigkeit – der Regel zu kommunizieren.
- Um ihre **klare innere Haltung** in Bezug auf die Gültigkeit der Regel zu verdeutlichen, verzichten Lehrerinnen und Lehrer in dem Konflikt nach einem leichten Regelverstoß daher auf jede Form von Sinnstiftung und Diskussion: Die Regel gilt.
- Lehrerinnen und Lehrer sind formal betrachtet die Vorgesetzten der Schülerinnen und Schüler. Diese **Führungsposition** kommunizieren sie in Konflikten nach Regelverstößen und Grenzverletzungen dadurch, dass sie sich nicht in Rechtfertigungs-Zwänge begeben. Sie bestimmen, worüber in den Konflikten verhandelt wird – und nicht die Schülerinnen und Schüler.
- Aus Sicht der Schülerinnen und Schüler ist es legitim, den eigenen Handlungsspielraum durch Widerstand gegen ein Regelwerk erweitern zu wollen. Und da es sich um leichte Regelverstöße und einen weitgehend spielerisch-argumentativen Widerstand handelt, wird die **Wertschätzung** gegenüber den Schülerinnen und Schüler dadurch zum Ausdruck gebracht, dass deren Argumente und Entgegnungen wohlwollend kommentiert werden – ohne allerdings über diese Inhalte zu diskutieren.
- Die Beziehung zu den regelverletzenden Personen wird während des gesamten Konflikts mithilfe einer durchgehenden Freundlichkeit aktiv aufrechterhalten und gepflegt. Denn **Beziehung/Nähe** besänftigt.
- In einem Konflikt nach einem leichten Regelverstoß werden seitens der Lehrerinnen und Lehrer sämtliche Signale der Gegnerschaft (z. B. körpersprachliche Drohgebärden; scharfer Ton) vermieden. Denn Gegnerschaft ist die personelle Konstellation des Kampfes, **Gemeinsamkeit** die eines Spiels.
- Durch einen durchgehend **niedrigen Führungsstatus** (nicht-eskalierende, freundliche Beharrlichkeit) soll sowohl die Wertschätzung gegenüber der regelverletzenden Person zum Ausdruck gebracht als auch die Option für weitere deeeskalative Schritte für den Fall der fortgesetzten Nicht-Befolgung offengehalten werden (s. u.).

Deeskalation bedeutet konsequente und wertschätzende Einflussnahme auf das Verhalten von regelverletzenden Personen. Diese Einflussnahme ist weitgehend frei von Druck.

Wertschätzende Konsequenz

Übertragen auf ein letztes konkretes Beispiel könnte die Aktive Deeskalation wie folgt aussehen:

PRAXIS

In der 9. Klasse klingelt bei Nadine in der Tasche das Handy. Umständlich holt sie es aus ihren diversen Utensilien hervor und macht es aus. Der Regelverstoß war offenbar ein Versehen. Und natürlich liegt es in diesem Fall im Ermessen der Lehrkraft, ob sie das Schellen des Handys lediglich mit einem kurzen strafenden Blick bedenkt oder aber auf der Abgabe besteht. Unterstellen wir für unser Beispiel, dass sich der Bio-Fachlehrer in dieser 9. Klasse aufgrund diverser vergangener Regelverstöße zu einer konsequenten Vorgehensweise entschlossen hat. Folglich besteht er auf der Abgabe von Nadines Handy. Die Regel lautet: Eingeschaltete Handys werden eingesammelt und die Schülerinnen oder Schüler können es sich (beim ersten Vergehen) nach der 6. Stunde im Sekretariat wieder abholen. Und da es der erste Regelverstoß von Nadine in Bezug auf ihr Handy war, trifft also diese Konsequenz auf sie zu. Wir haben die 3. Stunde, und der Lehrer geht freundlich auf Nadine zu, die in der Mitte der Klasse an ihrem Tisch sitzt und umständlich ihr Handy ausschaltet. Der Lehrer ist an ihrem Tisch angekommen und stellt sich nicht frontal-konfrontativ, sondern leicht schräg vor ihr auf. Sein Oberkörper zielt nicht in Nadines Richtung und er wahrt einen Abstand von ca. 50 Zentimetern bis zu seiner Seite des Tisches. Der Abstand zu Nadine beträgt also insgesamt mehr als einen Meter. Mit freundlicher Stimme spricht er seine Schülerin an:

„Oh Nadine, dich hat's leider erwischt. Gib mir bitte dein Handy. In drei Stunden kriegst du es wieder."

„Ich habe wirklich nur vergessen, es auszumachen. Es war ein Versehen, ehrlich."

„Das ist mir klar – ich habe deinen Schrecken gesehen. Aber die Regel gilt: Gib es bitte ab."

„Das ist total gemein: Ich habe es doch direkt ausgemacht. Das ist unfair." (laut und gereizt)

„Die Regel gilt für alle, und das ist fair. Komm, gib es mir bitte. Du kriegst es ja bald wieder."

„Das ist sehr wohl unfair: Bei Herrn Führer müssen wir es nämlich nur abgeben, wenn wir es auch benutzen." (laut und aggressiv)

„Und bei mir gebt ihr es ab, wenn es eingeschaltet ist. Gib es mir bitte, und gut ist's."

„Aber es ist mein Handy. Sie dürfen mir das gar nicht abnehmen. Das ist Diebstahl." (laut und aggressiv)

„Du bekommst es zurück – es ist also nur geliehen. Komm: Gib dir einen Ruck."

„Nein, mach ich nicht." (provokativ; die Schülerin verschränkt ihre Arme vor der Brust, umklammert mit der einen Hand ihr Handy und wendet den Blick zur Seite ab; sie ist sichtlich aggressiv und zur weiteren Eskalation bereit.)

Dieser Konflikt hat ca. 35–40 Sekunden gedauert. Der Lehrer ist während der gesamten Dauer freundlich-bestimmt geblieben. Er hat die Argumente der Schülerin wohlwollend aufgegriffen und seinen eigenen Standpunkt konsequent vertreten, indem er immer wieder zu seiner (in Form einer Bitte formulierten) Erwartung zurückgekehrt ist: Die Regel gilt. Er hat alles getan, was in seinen Möglichkeiten liegt, um Nadine nicht in die Enge zu treiben und es ihr dadurch zu ermöglichen, das Handy ohne Gesichtsverlust abzugeben: Beziehung gestaltet, Gegnerschaft vermieden, durchgehend niedrigen Führungsstatus gewählt, persönliche Wertschätzung praktiziert. Doch Nadine hat in dem Konflikt trotz der Aktiven Deeskalation seitens des Lehrers immer mehr eskaliert: Sie wurde zunehmend aggressiv und wechselte vom spielerischen zum provokativen Widerstand. Am Ende des Konflikts brach sie den Dialog ab und beharrte aggressiv auf ihrem Standpunkt: *„Nein, mach ich nicht!“*

Dieses Beispiel verdeutlicht: Es gibt keine Garantie dafür, dass die Aktive Deeskalation erfolgreich ist. Aber:

> Durch einen wertschätzend-konsequenten Auftritt erhöht sich die Wahrscheinlichkeit einer erfolgreichen Einflussnahme auf das Verhalten der regelverletzenden Schülerinnen und Schüler – die Aktive Deeskalation ist eine notwendige und sehr erfolgversprechende, aber manchmal nicht hinreichende Voraussetzung für die freiwillige Befolgung einer Lehrer-Erwartung.

3.3 Deeskalation oder Konfrontation?

Was ist, wenn nicht?

Bleibt die Frage zu beantworten: Was ist, wenn nicht? Wie lässt sich in einem Konflikt nach einem leichten Regelverstoß weiter verfahren, sollte sich mein Gegenüber trotz meines konsequent-wertschätzenden Auftritts standhaft weigern, die jeweilige Regel zu beachten?

Zäumen wir das Pferd einmal von hinten auf. Welche Lösung fällt Ihnen für die folgende Situation spontan ein: Ein 16jähriger Schüler weigert sich trotz Ihrer nicht-eskalierenden Beharrlichkeit standhaft, seine Kappe abzusetzen. Sie haben bereits 30–40 Sekunden deeskalativ versucht, konsequent und wertschätzend Ihren Einfluss geltend zu machen. Vergeblich: Der Schüler hält schützend seine Hände auf die Kappe und bleibt bei seinem kategorischen *„Nö“*. In unseren Seminaren lautet die spontane Antwort auf die Frage *„Was würden Sie jetzt tun?“* zu 90 Prozent: auf die Konsequenz-Ebene gehen.

Wir möchten Ihnen in diesem Kapitel für diese und ähnliche Konflikte verschiedene Lösungen vorstellen. Eine dieser Lösungen wird der Übergang auf die Konsequenz-Ebene sein. Aber selbst bei dieser Lösung, so werden wir zeigen, gibt es die unterschiedlichsten Variationen: Es gibt deeskalative und konfrontative Übergänge auf die Konsequenz-Ebene. Sie können Ihre Schülerinnen und Schüler in die Konsequenz treiben, Sie können sie (und sich selbst) aber auch davor bewahren.

Vor allem aber möchten wir zeigen: Es gibt als Alternative zur Konsequenz-Ebene in vielen Fällen elegantere und weniger aufwändige Methoden, um festgefahrene Situationen ohne Autoritätsverlust und mit wesentlich weniger Aufwand, Kraft und Zeit zu meistern.

Der Konflikt um das Handy

Sie kennen das Verfahren bereits: Wir stellen alle Lösungsansätze immer anhand von ganz konkreten Konflikten vor, die Sie alle aus Ihrem Unterricht oder von der Pausenaufsicht her kennen. Also greifen wir zur Erläuterung der Lösungsansätze für den Fall einer konsequenten Verweigerung das Handy-Beispiel aus dem letzten Kapitel über die Aktive Deeskalation wieder auf und spielen daran einmal exemplarisch alle weiteren möglichen Schritte konkret durch. Wir wiederholen kurz die letzten Sekunden des Konflikts:

(„...")

„Und bei mir gebt ihr es ab, wenn es eingeschaltet ist. Gib es mir bitte, und gut ist's."

„Aber es ist mein Handy. Sie dürfen mir das gar nicht abnehmen. Das ist Diebstahl." (laut und aggressiv)

„Du bekommst es zurück – also ist es nur eine Leihgabe. Komm: Gib dir einen Ruck."

„Nein, mach ich nicht."

Auch wenn wir nur die letzten Wortwechsel wiedergegeben haben – insgesamt hat der Konflikt ca. 40 Sekunden gedauert. Doch ab jetzt wäre vermutlich jeder weitere Versuch der Aktiven Deeskalation seitens des Lehrers sinnlos: Die Schülerin hat sich verrannt und befindet sich nicht mehr nur im Kampf **für** ihr Handy, sondern auch im Kampf **gegen** ihren Lehrer. Eine Abgabe des Handys ohne Gesichtsverlust wäre ihr zu diesem Punkt des Konflikts nicht mehr möglich.

Bevor wir die möglichen weiteren Schritte des Lehrers vorstellen, möchten wir ausdrücklich betonen: Wir gehen bei allen Lösungsansätzen davon aus, dass auf der Lehrerseite der Konflikt bis zu diesem Punkt des Abbruchs nicht eskaliert ist. Die durchgehende deeskalative Vorgehensweise der Lehrperson ist Voraussetzung dafür, dass sechs der von uns vorgeschlagenen Lösungen überhaupt funktionieren. In der Umkehrung bedeutet das:

> Ein auf beiden Seiten eskalierter Konflikt schränkt die Möglichkeiten des weiteren Vorgehens erheblich ein: Die Lehrperson kann dann ihre Autorität nur noch dadurch wahren, dass sie auf die Ebene der Konsequenzen wechselt. Alternative Handlungsmöglichkeiten sind dann nur um den Preis des Autoritätsverlustes möglich.

3.3.1 Druck aufbauen

Lösung 1: Die Androhung von Konsequenzen

Beginnen wir mit der auf den ersten Blick am nächsten liegenden Lösung – der Androhung von Konsequenzen:

(„...“)

„Nein, mach ich nicht.“

„Also gut, du hast es so gewollt. Wenn du dich weigerst, das Handy abzugeben, geht das Ganze jetzt zur Schulleitung. Und dann bleibt es nicht bei drei Stunden Abgabe, sondern dann bist du dein Handy drei Tage los.“ (schärferer und strengerer Ton/Anhebung des Führungsstatus)

„Mir doch egal.“

„Okay, die weiteren Konsequenzen klären wir später. Es ist deine Entscheidung.“

Das ist der wohl gebräuchlichste Übergang auf die Ebene der Konsequenzen: Der Lehrer verschärft seinen Ton, markiert ein Ende des aktuellen Konflikts und gestaltet unverzüglich den Übergang zur Konsequenz.

Aber es gibt eine Alternative zu diesem unmittelbaren und alternativlosen Übergang in die Konsequenz, die beiden Parteien noch eine kleine Chance einräumt, den Konflikt diesseits der Konsequenz beizulegen:

(„...“)

„Nein, mach ich nicht.“

„Okay, ich gebe dir jetzt zwei Möglichkeiten: Entweder du gibst dein Handy jetzt ab, oder das Ganze geht zur Schulleitung und dann kriegst du dein Handy nicht am Ende des Tages wieder, sondern erst in drei Tagen. Wie entscheidest du dich?“

In diesem Fall hat der Lehrer der Schülerin zwei Alternativen angeboten und sie dann entscheiden lassen. Dadurch hat er zumindest die Chance gewahrt, dass er das Handy noch ausgehändigt bekommt und beiden Protagonisten die Konsequenz erspart bleibt.

Die Androhung von Konsequenzen ist eine durchaus naheliegende Option, angesichts eines fortgeschrittenen *„Nö, mach ich nicht"* weiter zu verfahren. In diesem Fall haben Sie die Möglichkeit, einen direkten Übergang auf die Konsequenz-Ebene zu wählen oder aber durch das Einräumen einer Wahlmöglichkeit noch eine kleine Chance zu wahren, die Konsequenzen zu vermeiden. Dabei scheint uns die zweite Variante („Du entscheidest") die geschicktere Lösung zu sein. Denn der Lehrer übergibt nicht nur die Verantwortung für den Konflikt an die Schülerin, sondern gewährleistet durch diesen Schritt gleichzeitig, dass er den Konflikt nicht verlieren kann. Denn für welche der beiden Optionen sich die Schülerin Nadine auch immer entscheiden mag – sie handelt gemäß der Vorgaben des Lehrers. Also stellt auch die Nicht-Abgabe um den Preis von Konsequenzen keinen Autoritätsverlust des Lehrers dar, sondern geschieht im Rahmen seiner Führung: Die Weigerung der Nicht-Abgabe mit anschließender Konsequenz war eine Option, die der Lehrer Nadine gewährt hat.

Aber wie wird sich die Schülerin wohl entscheiden? Wir haben oben beschrieben, dass sie längst keinen spielerischen Widerstand mehr leistet, sondern sich im Laufe des Konflikts ganz offensichtlich verrannt hat. Für sie ist der Konflikt von einem Spiel zu einem Kampf geworden, in dem es ihr vermutlich nicht nur um ihr Handy, sondern auch um die Wahrung ihres Gesichts geht. Und der Verdacht liegt nahe, dass sie für diese Gesichtswahrung die Kosten der Benachrichtigung der Schulleitung in Kauf nehmen wird. Zugegeben: Das sind Spekulationen. Wie die genaue Kosten-Nutzen-Rechnung in einer derartigen Situation tatsächlich aussehen wird, hängt immer vom konkreten Einzelfall ab.

> Wie sich die Schülerin auch entscheiden mag – sie handelt im Rahmen der Vorgaben des Lehrers. Der Lehrer kann in dem Konflikt nicht mehr verlieren.

Lösung 2: Konfrontation

Wenn Sie sich ohnehin dazu entschlossen haben sollten, nach gescheiterter Aktiver Deeskalation der regelverletzenden Person Konsequenzen (= rote Karte) anzudrohen, dann ist unter Umständen ein Zwischenschritt denkbar, der in manchen Fällen Aussicht auf Erfolg zeigt:

(„…")

„Nein, mach ich nicht."

„Okay, jetzt ist Schluss: Ich habe dich zig-fach aufgefordert, dein Handy abzugeben. Du weigerst dich. Ab jetzt geht es nicht mehr um dein Handy, son-

dern um deine Weigerung. Du widersetzt dich meinen Anweisungen, und das ist ein schwerer Regelverstoß. Du gibst dein Handy jetzt ab – und zwar ohne Diskussion.“ (energisch-bestimmter Ton; deutlich angehobener Führungsstatus).

Der Lehrer hat der Schülerin mit seiner klaren Ansage und seiner Aufforderung die gelbe Karte gezeigt. Und er hat die Schülerin damit konfrontiert, wofür sie sich ab jetzt zu verantworten hat: nicht nur für das Schellen des Handys, sondern zusätzlich und vor allem für die Weigerung der Abgabe. Damit hat der Lehrer die Schülerin mit ihrem schweren Regelverstoß konfrontiert und ihr die Verantwortung für sein verändertes Auftreten übergeben. Er hat die folgende implizite Botschaft an Nadine gesendet: *„Ich trete ab jetzt anders auf und zeige dir die gelbe Karte, weil du mit deiner permanenten Weigerung die Ebene des leichten Regelverstoßes verlässt. Und wenn du dich jetzt nicht an die Regel hältst, indem du dein Handy abgibst, werde ich die rote Karte ziehen.“*

Da wir die Prinzipien der Konfrontation im letzten Kapitel dieses Buches ausführlich behandeln werden, beschränken wir uns an dieser Stelle auf den Hinweis: Nach einer gelben Karte haben beide Akteure nicht mehr viel Handlungsspielraum. Sollte Nadine ihr Handy innerhalb der nächsten Sekunden nicht abgeben, ist der Lehrer unter Zugzwang und muss unverzüglich den Übergang auf die Konsequenz-Ebene gestalten:

(„…“)

„Sie können mir gar nichts. Ich gebe das nicht ab.“

„Das heißt: Du bleibst dabei und willst es auf die Spitze treiben.“

„Nein: Ich will nur mein Handy behalten.“

„Also gut, du hast es so gewollt. Das Ganze geht jetzt zur Schulleitung. Und dann bleibt es nicht bei drei Stunden Abgabe, sondern dann bist du dein Handy länger los. Hier ist jetzt Schluss der Debatte. Den Rest klären wir später!“

Die Entscheidung, bei fortgesetztem Widerstand nach leichten Regelverstößen von der Aktiven Deeskalation in die Konfrontation zu wechseln, sollte nicht leichtfertig getroffen werden. Denn mit dem Übergang in die Konfrontation entfallen die sechs deeskalativen Möglichkeiten der Konfliktlösung, die wir in den nächsten Abschnitten vorstellen werden.

> Wer in die Konfrontation geht, verengt einen Konflikt so, dass bei fortgesetztem Widerstand seitens der regelverletzenden Schülerinnen und Schüler die automatische Verhängung der Konsequenz die einzige Option darstellt, auf die die betreffende Lehrperson ohne Autoritätsverlust noch zurückgreifen kann: Auf Gelb folgt Rot!

Regelverstoß: sich den Anweisungen der Lehrkraft widersetzen

Die ersten beiden Lösungsansätze, wie nach einem fortgesetzten „*Nein, mach ich nicht*“ bei leichten Regelverstößen verfahren werden kann, weisen einige Gemeinsamkeiten auf, die wir noch einmal zusammenfassen und gegen die weiteren Lösungsmöglichkeiten abgrenzen möchten:

- Bei beiden Lösungen findet seitens der betreffenden Lehrpersonen eine kontrollierte Eskalation des Konflikts statt. Sowohl bei der Konfrontation (gelbe Karte), als auch bei der Konsequenz-Ebene (rote Karte) hebt die Lehrkraft ihren Führungsstatus deutlich an: Ihr Auftritt ist nicht mehr freundlich-bestimmt, sondern **energisch-bestimmt.**
- Mit dieser Eskalation des Konflikts reagiert die Lehrperson auf die bereits **vollzogene Eskalation** seitens der regelverletzenden Person.
- Die Grundlage für die Konfrontation bzw. die Konsequenz ist eine **pädagogische Bewertung** des bisher erfolgten 30- bis 40-sekündigen Widerstands der regelverletzenden Person: Dieser Widerstand wird gewertet als **„sich den Anweisungen des Lehrers widersetzen“** und damit als mittlerer bzw. schwerer Regelverstoß. Die gelbe bzw. rote Karte wird also nicht für den ursprünglichen leichten Regelverstoß (Trinkflasche, Kaugummi, Zwischenruf in die Klasse, Nebengespräche, Kappe auf dem Kopf, Handybenutzung usw.) erteilt, sondern für die fortgesetzte Weigerung der jeweils regelverletzenden Person, entweder das Fehlverhalten zu korrigieren (Flasche entsorgen, Kappe absetzen, Handy abgeben usw.) oder aber eine Zusage für künftiges regelkonformes Verhalten (keine Nebengespräche mehr, Zwischenrufe unterlassen usw.) zu geben.
- Mit dem Übergang von der Deeskalation zur Konfrontation oder zur Konsequenz wechselt die Lehrperson ihre bisherige Vorgehensweise und Zielsetzung: Während das Ziel der Deeskalation der Versuch ist, durch konsequent-wertschätzende Einflussnahme die regelverletzenden Personen zur **freiwilligen Korrektur** des leichten Regelverstoßes zu bewegen, wird durch die Konfrontation bzw. die Androhung von Konsequenzen **Druck** auf diese Personen aufgebaut, damit sie zur Korrektur ihrer beiden (!) Regelverstöße gezwungen werden.

Auch bei der Konfrontation oder der Androhung von Konsequenzen gibt es – wie immer – keine Garantie dafür, dass sich die Schülerinnen und Schüler dem Druck tatsächlich beugen und ihre beiden Regelverstöße korrigieren. In vielen Fällen wählen sie tatsächlich die Konsequenz – allein um ihr Gesicht zu wahren. Dann muss unbedingt gewährleistet sein, dass bei der Verhängung der Konsequenz den betreffenden Schülerinnen und Schülern vermittelt wird, dass die Konsequenz nicht die Reaktion auf ihren ursprünglichen leichten Regelverstoß darstellt, sondern auf die durchgehende Verweigerung.

> Die Konsequenz ist die angemessene Antwort auf den schwereren der beiden Regelverstöße – das fortgesetzte *„Nein, mach ich nicht"*, das gewertet wird als „sich den Anweisungen des Lehrers widersetzen".

Schüler müssen Verantwortung übernehmen

Leichte Regelverstöße werden immer wieder passieren, da müssen wir uns keinen Illusionen hingeben. Aber Schülerinnen und Schüler müssen lernen, dass sie sich für ihre kleinen Vergehen zu verantworten haben und diese durch eine entsprechende Verhaltensänderung schnell korrigieren können, wollen sie vermeiden, dass sie mit ihrem ausufernden Widerstand schwerere Regelverstöße begehen.

Ähnliches gilt übrigens auch für den Fall, dass sich Schülerinnen und Schüler durch Weglaufen einem Konflikt entziehen. In diesem Fall liegt es im Ermessen der betreffenden Lehrerinnen und Lehrer, die weglaufenden Personen zeitnah mit ihrem doppelten Regelverstoß (leichter Regelverstoß: Trinkflasche neben Papierkorb/schwerer Regelverstoß: Weglaufen) zu konfrontieren und ggf. das Weglaufen mit einer Konsequenz zu ahnden. Nur so können die jeweiligen Schülerinnen und Schüler lernen, dass sie sich einem Konflikt zu stellen haben und durch ihr Weglaufen ihre Situation nur verschlimmern.

Eine Analogie für das Weglaufen auf dem Schulhof kennen wir übrigens auch im Straßenverkehr: Fahrerflucht nach einem leichten Unfall mit etwas Blechschaden ist ein schwerer Verstoß und kommt die flüchtende Person teuer zu stehen.

> Allein durch die strikte Differenzierung zwischen den unterschiedlichen Regelverstößen („Die Konsequenz bekommst du für dein fortgesetztes Nein, und nicht für dein Kaugummi") und deren Vermittlung ist es den Schülerinnen und Schülern möglich, die Verantwortung für ihr Handeln zu übernehmen und es auch zu verändern.

Lehrer müssen Verantwortung übernehmen

Abschließend möchten wir noch auf zwei weitere Punkte hinweisen:

1. Lehrerinnen und Lehrer haben im Umgang mit Konfrontationen und vor allem Konsequenzen eine **hohe Verantwortung**, derer sie sich bewusst sein sollten: Es ist relativ einfach, durch eskalierendes Lehrerver-

halten nach leichten Regelverstößen Schülerinnen und Schüler in die Konsequenzen zu treiben. Wie wir oben bereits gezeigt haben, können ein zu hoher Einstieg in leichte Regelverstöße oder die schleichende Eskalation während des spielerischen Widerstands bei der regelverletzenden Person schnell zu Gesichtsverlust führen. Eskalationen und allzu schnelle Übergänge auf die Konsequenz-Ebene sind dann vorprogrammiert. Daher ist es unabdingbar, das eigene Vorgehen nach leichten Regelverstößen deeskalativ zu gestalten.

2. Der Übergang in die Konfrontation oder gar auf die Konsequenz-Ebene darf nicht nach 10-sekündigem spielerischen Widerstand erfolgen. Auch das würde Schülerinnen und Schüler reihenweise **in die Konsequenzen treiben**. Wir hüten uns natürlich davor, eine objektive Grenze anzugeben, nach wie viel Sekunden die Ebene des leichten Regelverstoßes endet und der schwere Regelverstoß („sich den Anweisungen des Lehrers widersetzen“) eintritt. Wir möchten aber vor einer allzu knappen Zeitbemessung warnen. Denn auch durch den schnellen und häufigen Übergang auf die Konsequenz-Ebene werden Schülerinnen und Schüler in die Konsequenzen getrieben.

> Konfrontation und Konsequenz sind legitime Mittel, um Schülerinnen und Schüler nach gescheiterter Aktiver Deeskalation dazu zu bewegen, Verantwortung für ihr Handeln zu übernehmen – aber nicht die einzigen.

3.3.2 Druck herausnehmen

Nadine hat sich verrannt

Bevor wir Ihnen in den nächsten Abschnitten deeskalative Lösungsvorschläge für das oben beschriebene Fallbeispiel vorstellen, möchten wir den bisherigen Konfliktverlauf noch einmal näher unter (hirn-)physiologischen Gesichtspunkten betrachten: Wir haben gesehen, dass sich Nadine trotz deeskalativer Einflussnahme seitens des Lehrers nicht hat dazu bewegen lassen, ihr Handy abzugeben. Sie hat zunehmend verbissen Widerstand geleistet, gegen Ende des Konflikts die Arme verschränkt (= Schranke) und sich damit jeder Einflussnahme seitens ihres Lehrers verschlossen. Nadine hat, ohne dass der Lehrer zu dieser Eskalation beigetragen hat, nach anfänglichem spielerischem Widerstand den Konflikt zunehmend als Kampf gesehen. Gegen Ende des Konflikts ging es ihr offensichtlich nicht mehr allein um ihr Handy, das sie nach drei Stunden ohnehin zurückbekommen hätte, sondern auch um ihren drohenden Gesichtsverlust vor der Klasse. Anders ist es nicht zu erklären, dass sie sogar bereit ist, eine mehrtägige Abgabe des Handys zu riskieren. Nadine hat sich in dem Konflikt sichtlich verrannt und handelt nicht mehr ausschließlich rational.

Um diese Irrationalität erklären zu können, müssen wir uns die Funktionsweise unseres Körpers in eskalierten Konflikten anschauen. Es laufen uralte physiologische Prozesse ab: Der Körper unterscheidet nicht zwischen physischer und psychischer Bedrohung. In eskalierenden Konflikten um die Haare im Bad oder die Abgabe eines Handys geraten wir zunehmend in Stress. Und je höher der Stresspegel, desto stärker stellt sich unser Körper auf einen Kampf um Leben und Tod ein – und unser Gegenüber wird zu einem Säbelzahntiger:

- Der Körper wird durch die schnelle Ausschüttung unterschiedlichster Stoffe (z. B. Adrenalin; Noradrenalin; Testosteron; Endorphin) auf einen bevorstehenden physischen **Kampf um Leben oder Tod** vorbereitet: Energiereserven werden bereitgestellt, die Muskulatur wird aktiviert; das Blut wird aus für den Kampf unwichtigen Regionen (z. B. Magen-Darm-Trakt) innerhalb von Sekunden abgezogen und in die Muskeln gepumpt; der Kreislauf wird aktiviert; dadurch werden Kraft und Ausdauer gesteigert und der Körper wird gegen Schmerz unempfindlich gemacht. Wir werden also in derartigen Kampfsituationen schneller, stärker, ausdauernder und aggressiver – wir können besser angreifen oder fliehen.
- Das Großhirn, der Sitz unserer Ratio, wird vorübergehend aufs **Abstellgleis** gestellt. Denn der Neocortex arbeitet für derartige Gefahrensituationen einfach zu langsam. Die rationale Verarbeitung der Gefahrensituation kann langwierig und somit tödlich sein. Daher übernimmt das **Stammhirn**, das evolutionär bedingt viel schneller – aber auch schematischer – auf Gefahrensituationen reagieren kann, in einer Kampfsituation die Regie. Wir können innerhalb von Bruchteilen von Sekunden ganz einfache, aber lebensnotwendige Entscheidungen treffen – können sie aber nicht reflektieren. Diese Entscheidungen vollziehen sich im Stammhirn auf der Basis ganz basaler Muster: Womit kann ich den Gegner schädigen und verletzen, und mit welchen Handlungen kann ich mich vor ihm schützen? Angriff und/oder Flucht?

Während die Herstellung dieses Körperzustandes nur Bruchteile von Sekunden dauern kann, brauchen wir umgekehrt bis zu 30 Minuten, damit sämtliche Botenstoffe und Hormone wieder abgebaut werden, die Muskulatur wieder entspannt ist, der Kreislauf heruntergefahren wird und das Blut im Körper wieder normal zirkuliert. Die Freischaltung unseres Großhirns geht zum Glück schneller vonstatten:

Erfahrungsgemäß reichen einige Minuten, damit die wesentlichen Nervenbahnen wieder geschaltet sind, das Großhirn wieder „angeschlossen" ist und wir halbwegs rational denken können.

Knöpfe drücken

Wir alle kennen zur Genüge derartige Situationen: Ein Schüler drückt durch eine bewusste oder unbewusste Aktion auf einen unserer „Knöpfe" (= wunde Punkte), und wir geraten in Stress. Unser Körper durchläuft innerhalb kürzester Zeit ähnliche Prozesse wie oben beschrieben und wir befinden uns im Kampf: Das Großhirn wird partiell aufs Abstellgleis gestellt und unser Körper auf eine physische Auseinandersetzung mit dem Schüler (= Gegner) vorbereitet. Und schon vollziehen wir Handlungen, die wir anschließend bereuen:

- Wir benutzen unseren Körper, um eine physische Drohkulisse aufzubauen: Wir richten uns auf, senden drohende Blicke, setzen eine laute und aggressive Stimme ein und vollziehen invasive Handlungen, indem wir gefährlich nahe an den Schüler herantreten.
- Und auch unsere Wortwahl genügt keinen pädagogischen Kriterien mehr, sondern ist gespickt mit Entwertungen: *„Du schon wieder"*, *„Typisch"*, *„Bürschchen"*, *„Das kannst du zu Hause machen, aber …"* usw.

Diese Reaktionen sind menschlich nachvollziehbar – aber weder zielführend noch klug bzw. professionell oder pädagogisch wertvoll. Doch wie sollte das auch anders sein, angesichts der Tatsache, dass wir ohne Großhirn agieren?

Seien wir also auch fair unseren Kindern und Jugendlichen gegenüber: Wenn wir es schon, trotz unseres mehr oder weniger fortgeschrittenen Alters und unserer mehr oder weniger langen Berufserfahrung, nicht verhindern können, dass uns von Zeit zu Zeit die Sicherungen durchbrennen, wir überreagieren und explodieren – warum sollte das unseren Kindern und Jugendlichen nicht auch passieren dürfen? Sie haben weniger Lebenserfahrung, befinden sich häufig in schwierigen Prozessen der Identitätsfindung, suchen nach Anerkennung, bauen sich ihren Selbstwert noch mühsam auf, haben Pubertätsprobleme, kennen ihre wunden Punkte noch nicht und stehen häufig unter einem immensen privaten und schulischen Druck.

Und wie sieht es mit den eigenen Kindern aus? Wohlwollend können wir meistens darüber hinweggehen, wenn sie uns in eskalierten Konflikten als *„blöde Eltern"* beschimpfen. Und wir bauen ihnen immer wieder Brücken, wenn sie sich in den Streits mit uns verrannt haben und aus der verfahrenen

Situation nicht mehr ohne unsere Hilfe niederlagenfrei herauskommen können: Wir gewähren Zeiträume („*Du musst es ja nicht sofort machen, aber du räumst innerhalb der nächsten Stunde dein Zimmer auf*"), wir gehen Kompromisse ein („*Okay, noch zehn Minuten, aber dann machst du den Computer aus*"), wir vertagen Konflikte („*Lass uns die Frage später in Ruhe klären; im Moment kommen wir nicht weiter*") oder wir warnen vor Konsequenzen („*Räum den Werkraum besser auf; du weißt, wie schnell Papa sauer wird, wenn du ihn im Chaos hinterlässt*"). Und auf diese Deeskalations-Angebote greifen unsere Kinder häufig und gern zurück, um Beziehungsstörungen, harte Konsequenzen und Gesichtsverluste zu vermeiden.

Sämtliche Vorschläge, die wir Ihnen in den nächsten Abschnitten vorstellen werden, tragen diesen Überlegungen Rechnung, indem sie deeskalative Lösungen für Konflikte anbieten, in denen wir die 30–40 Sekunden Widerstand seitens der Schülerinnen und Schüler nicht werten als „sich den Anweisungen widersetzen".

> Der 30- bis 40-sekündige Widerstand der regelverletzenden Schülerinnen und Schüler kann auch gesehen werden als: „Die Kids haben sich verrannt und wir bauen ihnen eine Brücke".

Lösung 3: Warnung vor Konsequenzen

Es gibt eine Alternative zu der ersten Lösung, der Androhung von Konsequenzen. Diese Option setzt ebenfalls auf das Druckmittel der Konsequenz-Ebene, hat aber stärkere deeskalative Züge und bietet daher größere Chancen, die Entscheidung einer regelverletzenden Person dahingehend zu beeinflussen, die Konsequenzen zu vermeiden, indem sie ihr Verhalten doch noch revidiert: nicht die Drohung mit, sondern die **Warnung vor Konsequenzen**. Dieser Lösungsvorschlag trägt dem Umstand Rechnung, dass sich Nadine in dem Konflikt um das Handy ganz offensichtlich verrannt hat und sie sich im Körperzustand des Kampfes befindet. Wie sonst wäre es erklärbar, dass sie zunehmend gereizt und aggressiv reagiert und einen Weg wählt, der ihr – rational betrachtet – erhebliche Nachteile bescheren wird, nämlich die Abgabe des Handys für mehrere Tage! Ihre Entscheidung, nach 30–40 Sekunden Widerstand die Arme zu verschränken und sich total zu verweigern („*Nein, mach ich nicht!*"), ist nicht rational begründet, sondern stammhirngesteuert. Der Verdacht liegt nahe, dass die Ursache für ihren Stress die Verknüpfung der Abgabe ihres so wichtigen Handys mit Gesichtsverlust ist.

An diesem Punkt setzt der folgende Lösungsvorschlag an:

(„…“)

„Nein, mach ich nicht.“

„Mensch Nadine, lass uns kurz innehalten: Weißt du, was passieren kann, wenn du dein Handy nicht abgibst? Dann geht das Ganze zur Schulleitung und es gibt richtig Ärger. Und zwar nicht, weil dein Handy einmal geschellt hat, sondern weil du es nicht abgegeben hast. Und dann ist dein Handy gleich für ein paar Tage weg. Das würde ich dir gerne ersparen – du brauchst doch dein Handy. Überlege dir, ob es das wirklich wert ist. Ich gebe dir Bedenkzeit: Lege es einfach innerhalb der nächsten fünf Minuten auf deinen Tisch. Ich nehme es dann mit und du kriegst es heute Mittag schon zurück. Ich unterrichte jetzt weiter – und du überlegst. Abgemacht?“

Die Ansprache des Lehrers war durchgehend freundlich. Er hat mit der Grundhaltung von Wertschätzung die Konsequenz-Ebene ins Spiel gebracht und folgende Deeskalations-Techniken angewendet:

- Er hat seine Schülerin **vor den Konsequenzen gewarnt**, statt ihr mit Konsequenzen zu drohen.
- Er hat die Konsequenzen **von seiner Person abgekoppelt** und damit Gegnerschaft entzogen: Konsequenzen treten ein, statt ich werde Konsequenzen verhängen.
- Der Lehrer hat die Schülerin weiterhin mit einem **niedrigen Führungsstatus** angesprochen: freundlich-bestimmt.
- Er hat die **Beziehungsebene gestaltet** und durch eine **Nutzen-Argumentation** („*Du brauchst doch dein Handy*“) Wertschätzung praktiziert.
- Zudem hat er an das Ende seiner Vorstellung der beiden Alternativen die Option gestellt, die er selbst präferiert: die Abgabe des Handys. In der Psychologie nennt man diesen Vorgang „**gedankliche Pfade aufbauen**“. Wenn Sie eine Person vor die Wahl zweier Möglichkeiten stellen, sollte als eine Art Ausweg immer die Option am Schluss stehen, die Sie sich von ihr wünschen.
- Der andere Faktor, der die Chance auf Abgabe des Handys erheblich erhöht, ist das Einräumen von fünf Minuten **Bedenkzeit** und die dadurch erreichte Freischaltung von Nadines Großhirn: Nach fünf Minuten Bedenkzeit wird sie den Konflikt und dessen mögliche Folgen in Form von Konsequenzen wesentlich nüchterner und rationaler betrachten können als während des aktuellen Kampfes. Erst durch die Freischaltung ihres Großhirns hat Nadine tatsächlich eine freie Wahl in dem Konflikt.
- Eine zusätzliche deeskalative Maßnahme, die Nadines Gesichtsverlust minimiert, ist das Angebot, dass sie ihr Handy nur auf den Tisch legen muss und der Lehrer es dann irgendwann einfach mitnimmt. Sie muss

es ihm also nicht übergeben. Dieser Akt der **indirekten Handyabgabe** ist mit deutlich weniger Gesichtsverlust behaftet als die persönliche Übergabe. Und das aus zwei Gründen: Es fehlt die persönliche Kapitulation in Form einer direkten Abgabe an den Lehrer, und die Übergabe kann **diskreter**, also mit weniger Anteilnahme der Klasse, vollzogen werden.

Falls das Handy trotz der deeskalativen Warnung vor Konsequenzen innerhalb der eingeräumten Zeit nicht auf der Schulbank liegen sollte, tritt natürlich die angekündigte Konsequenz ein. Aber die Wahrscheinlichkeit für diesen schlimmsten Fall ist wesentlich geringer, als bei der konfrontativen Androhung von Konsequenzen (s. o.).

Wenn wir in unseren Seminaren beide Variationen des Übergangs auf die Konsequenz-Ebene durchspielen, nämlich die weiter oben vorgestellte konfrontative Androhung von Konsequenzen und die deeskalative Warnung vor Konsequenzen, dann sagen alle Lehrerinnen oder Lehrer, die in die Rolle der Schülerin geschlüpft sind, einstimmig, dass es ihnen im deeskalativen zweiten Durchgang viel leichter fallen würde, das Handy innerhalb der Bedenkzeit abzugeben, als im konfrontativen ersten Durchgang. Der Grund für diese eindeutige Präferenz ist offensichtlich:

Bei der deeskalativen Warnung vor Konsequenzen wird durch die Schaffung von günstigen inneren wie äußeren Bedingungen Druck aus dem Konflikt herausgenommen. Der regelverletzenden Person wird dadurch die Chance auf eine tatsächlich rational durchführbare Kosten-Nutzen-Rechnung gegeben.

Lösung 4: Vertagen eines Konfliktes

Eine leicht durchzuführende Variante, den sich verhärtenden Konflikt zu deeskalieren, ist das Vertagen:

(„…“)

„Nein, mach ich nicht.“

„Das dauert mir jetzt zu lange. Ich unterrichte weiter. Du packst dein Handy jetzt ausgeschaltet in die Tasche und kommst nach der Stunde zu mir. Wir klären das in der Pause – und nicht jetzt.“ (freundlicher Ton)

Mit diesen Worten wendet sich der Lehrer von Nadine ab und setzt seinen Unterricht fort.

Nadine wird mit großer Sicherheit Sätze wie „*Da können Sie lange warten*“ oder „*Nö, da habe ich Pause – da komme ich nicht*“ entgegnen. Diese Sätze sind stammhirngesteuert, dienen ihrer Gesichtswahrung und sollten vom Lehrer nicht kommentiert werden. Denn die Wahrscheinlichkeit, dass sich Nadine in der Pause mit eingeschaltetem Großhirn dem Gespräch nicht einfach entziehen wird, ist sehr groß. Am Ende der Stunde ist aber seitens des Lehrers eine öffentliche Ankündigung des Gesprächs ratsam:

„So große Pause. Bitte alle raus in die Pause."

Danach wendet er sich an Nadine und sagt mit der gleichen Lautstärke: *„Nadine, du bleibst bitte hier. Wir klären noch die Handyfrage."*

Das anschließende Pausengespräch wird vom Lehrer deeskalativ geführt: Ähnlich wie bei „Lösung 3: Warnen vor Konsequenzen" macht der Lehrer seine Schülerin darauf aufmerksam, dass er auf ihr fortgesetztes *„Nö, mach ich nicht"* auch mit Konsequenzen hätte reagieren können. Anschließend unterbreitet er ihr seine Lösung:

„Aber ich mache dir folgenden Vorschlag: Ich will das jetzt nicht an die große Glocke hängen. Gib dein Handy jetzt ab, und du kriegst es am Ende des Tages zurück. Die Konsequenz der Schulleitung erspare ich dir bei diesem Mal. Und beim nächsten Mal keine endlosen Diskussionen mehr. Klar?"

Mit der Abgabe des Handys wäre der Konflikt in diesem Fall erledigt. Und für den Fall der Nichtabgabe des Handys in der Pause wechselt der Lehrer auf die Konsequenz-Ebene: Die Schülerin hat sich für den doppelten Regelverstoß (Handy-Schellen plus Weigerung der Abgabe) zu verantworten:

„Okay, wenn du dich jetzt immer noch weigerst, dein Handy abzugeben, dann geht das Ganze zur Schulleitung. Und dann gibt es Ärger: Nicht wegen deiner Handy-Benutzung im Unterricht, sondern weil du es nicht abgegeben hast, obwohl ich dich mehrfach dazu aufgefordert habe. Letzte Chance: Gib es mir."

„Nö, mach ich nicht."

„Gut, deine Entscheidung. Du trägst die Konsequenzen. Den Rest klären wir später."

> Das Vertagen eines Konflikts stellt eine relativ einfache Möglichkeit dar, aus festgefahrenen Konflikten den Druck herauszunehmen. Durch diese Variante wird begünstigt, dass durch die zeitliche Verschiebung das Großhirn der regelverletzenden Person wieder eingeschaltet wird und anschließend eine sachliche Bearbeitung des Konflikts möglich wird. Außerdem wird die Öffentlichkeit ausgeschaltet.

Lösung 5: Zeit geben

Das Vertagen von festgefahrenen Konflikten von der Unterrichtsstunde in die Pause ist zwar äußerst erfolgreich, geht aber auch auf Kosten der Lehrperson, die ihre Pause opfern muss. Eine einfache und zunächst wenig zeitintensive Variante ist es daher, dem Gegenüber erst einmal einen kleinen zeitlichen Puffer einzuräumen:

(„…“)

„Nein, mach ich nicht.“

„Okay, Nadine. Ich gebe dir jetzt fünf Minuten Bedenkzeit. Innerhalb der nächsten 5 Minuten legst du dein Handy auf den Tisch, und du kriegst es am Mittag zurück.“

„Da können Sie lange warten.“

Dieser Satz von Nadine sollte unkommentiert bleiben, denn jeder Kommentar würde nur die Hürde der Abgabe erhöhen und das Ausmaß des damit verbundenen Gesichtsverlustes vergrößern.

Der vom Lehrer eingebaute kleine zeitliche Puffer wirkt auf drei Ebenen:

- Der Kampf wird aufgelöst, denn der von Nadine als Gegner wahrgenommene Lehrer verlässt das Feld des Kampfes.
- Durch den zeitlichen Puffer wird Nadines Großhirn partiell freigeschaltet.
- Sie muss das Handy nicht öffentlich und als Zeichen ihrer „Kapitulation“ dem Lehrer übergeben, sondern sie kann es auf den Tisch legen und der Lehrer wird es diskret, beiläufig und kommentarlos mitnehmen.

Und was ist, wenn das Handy nach fünf Minuten nicht auf dem Tisch liegt? Dann bleibt dem Lehrer immer noch die Option des Übergangs auf die Konsequenz-Ebene:

„Okay, Nadine: Die fünf Minuten sind um und dein Handy liegt nicht auf deinem Tisch. Wenn du dich weigerst, dann geht das Ganze zur Schulleitung. Und dann gibt es Ärger: Nicht wegen deiner Handy-Benutzung, sondern weil du es nicht abgegeben hast, obwohl ich dich mehrfach dazu aufgefordert habe. Letzte Chance: Gib es mir bitte.“

„Nö, mach ich nicht.“

„Gut, deine Entscheidung. Den Rest klären wir später.“

Oder aber er vertagt den Konflikt auf die Pause:

„Okay, Nadine: Die fünf Minuten sind um und dein Handy liegt nicht auf deinem Tisch. Wir klären das in der Pause, nicht jetzt!“

> Das Einräumen eines zeitlichen Puffers ist in vielen Fällen die zunächst am wenigsten aufwändige Möglichkeit, Druck aus einem Konflikt herauszunehmen. Und in vielen Situationen führt sie durchaus zum Erfolg, ohne dass weitere Schritte eingeleitet oder Pausen geopfert werden müssen.

Lösung 6: Auszeit gewähren

Die Gewährung einer Auszeit bedeutet, einer Schülerin oder einem Schüler anzubieten, für kurze Zeit die Klasse zu verlassen. Dieser Lösungsansatz ist demnach eine institutionalisierte Variante des im letzten Abschnitt vorgestellten deeskalativen Ansatzes – der Gewährung von Bedenkzeit. Bevor wir diese Möglichkeit vorstellen, möchten wir betonen, dass das Gewähren einer Auszeit und der Rausschmiss aus der Klasse zwei grundsätzlich unterschiedliche Interventions-Ansätze sind:

- Der Rausschmiss aus der Klasse ist die Anwendung einer Konsequenz, ähnlich wie das Einschalten der Klassen- oder Schulleitung, die Elternbenachrichtigung oder die Zusatzarbeit. Die Gemeinsamkeit all dieser Konsequenzen ist der **Aufbau von Druck**, über den die Kosten-Nutzen-Rechnung auf der Kostenseite verändert werden soll. Die Kosten sollen erhöht werden und „weh tun".
- Das Gewähren einer Auszeit ist dagegen eher ein deeskalatives Instrumentarium. Das Ziel ist nicht der Aufbau von Druck, sondern eine Art von **Ausstiegshilfe** für Schülerinnen und Schüler, die sich in einem Konflikt verrannt haben oder die beispielsweise aufgrund mangelnder Konzentrationsfähigkeit den Unterricht stören. Die Auszeit soll es den betreffenden Kindern oder Jugendlichen ermöglichen, wieder aktiv nach den gültigen Regeln am Unterricht teilnehmen zu können. Das primäre Ziel der Auszeit ist demnach die möglichst schnelle Re-Integration in den Unterricht durch den **Abbau von Druck**.

Eine erste wichtige Voraussetzung für das Funktionieren einer Auszeit als Mittel der Re-Integration ist die gewissenhafte Implementierung dieser Maßnahme seitens der betreffenden Lehrerinnen und Lehrer. In diesem Prozess der Erläuterung und Einführung der Auszeit-Regelung muss der Klasse glaubhaft und genau vermittelt werden, dass es sich dabei nicht um eine Strafe handelt:

> Den Schülerinnen und Schülern wird in der jeweiligen Situation eine Auszeit gewährt, doch sie bestimmen selbst, ob sie die Auszeit annehmen und wann sie wieder in den Unterricht zurückkommen (Gewährung statt Verhängung der Auszeit).

Und sollten sie die Auszeit nicht annehmen, werden sie auch nicht aus der Klasse geschmissen. Die Auszeit basiert also auf dem Prinzip der Freiwilligkeit.

Die zweite wichtige Voraussetzung dafür, dass die Auszeit als Interventions-Instrumentarium in der Praxis auch tatsächlich funktioniert, ist der

Auftritt der Lehrperson bei ihrer Gewährung. Dieser muss konsequent deeskalativ sein. Und damit die gewährte Auszeit von der regelverletzenden Person auch wirklich angenommen werden kann, sollte sie in einem Konflikt möglichst zu einem Zeitpunkt angeboten werden, an dem sich die Fronten noch nicht allzu sehr verhärtet haben:

(„…“)

„Das ist total gemein: Ich habe es doch direkt ausgemacht. Das ist unfair.“ (laut und gereizt)

„Nadine, bevor wir uns jetzt richtig in die Wolle kriegen wegen deinem Handy, machen wir doch eben Folgendes: Nimm dir eine kleine Auszeit. Gehe bitte kurz vor die Tür, atme tief durch und überlege dir in Ruhe, ob du das so durchziehen willst. Einverstanden?“

„Und wenn ich es nicht abgeben will?“

„Überlege es dir – und den Rest sehen wir dann.“

„Meinetwegen.“

„Gut, du kommst einfach wieder rein, wenn du dich entschieden hast.“

„Ja, ich gehe ja schon.“

Wir müssen an dieser Stelle natürlich zwei Optionen gedanklich durchspielen:

1. Sollte sich Nadine gegen die Auszeit entscheiden, wird der Konflikt vertagt: *„Gut, dann klären wir das in der Pause.“*
2. Sollte Nadine auch nach der Auszeit bei ihrer Weigerung bleiben, das Handy abzugeben (was sehr unwahrscheinlich ist), dann empfiehlt sich die Vertagung des Konflikts in die Pause oder aber der Übergang auf die Konsequenz-Ebene.

> Die Gewährung einer Auszeit funktioniert nach einem ähnlichen Prinzip wie das Einräumen von Bedenkzeit: Freischaltung des Großhirns durch einen zeitlichen Puffer und Entzug von Gegnerschaft (= der „gegnerische“ Lehrer ist bei der Entscheidungsfindung nicht mehr präsent).

Lösung 7: Einnen Konflikt an einen anderen Ort verlegen

Eine weitere deeskalative Lösung ist die Verlagerung eines verhärteten und festgefahrenen Konflikts an einen günstigeren Ort. Hierbei empfiehlt es sich jedoch, sie relativ früh in einem Konflikt anzuwenden, da damit die Wahrscheinlichkeit wächst, dass sich die regelverletzende Person auf diese Verlagerung auch tatsächlich einlässt:

„Oh Nadine, dich hat's leider erwischt. Gib mir bitte dein Handy. In drei Stunden kriegst du es wieder.“

„Ich hab's total vergessen. Es war ein Versehen, ehrlich."

„Das ist mir klar. Aber die Regel gilt."

„Das ist total gemein: Ich habe es doch direkt ausgemacht. Das ist unfair." (laut und gereizt)

„Nadine, machen wir es so. Komm doch bitte kurz mit raus und wir klären das draußen. Die anderen können dann weiterarbeiten und wir haben draußen mehr Ruhe." (freundlicher Ton)

Mit diesen Worten geht der Lehrer Richtung Tür und bereitet Nadine bereits den Weg. Die Gründe, die für diese Verlegung sprechen, sind:

- **Öffentlichkeit vermeiden**: In dem Gespräch vor der Klassentür sind keine weiteren Schülerinnen und Schüler anwesend – der Druck der Gesichtswahrung wird minimiert.
- **In Bewegung setzen:** In einen verhärteten Konflikt kommt im wahrsten Sinne des Wortes Bewegung – und körperliche Bewegung löst starre Fronten. Zusätzlich wird durch Bewegung Stress abgebaut. Die Folge: Nadine kommt ansatzweise aus dem Zustand des Kampfes heraus und kann ihr Großhirn bei der Entscheidung über ihr weiteres Vorgehen hinzuziehen.
- **Zeit einräumen:** Durch die Verlagerung des Konflikts vor die Tür wird ein kleiner zeitlicher Puffer eingebaut, der die partielle Freischaltung von Nadines Großhirn ebenfalls begünstigt.

Vor der Tür besteht der Lehrer auf der Abgabe des Handys. Und für den relativ unwahrscheinlichen Fall, dass sich Nadine auch draußen vor der Klasse weigern sollte, ihr Handy abzugeben, wechselt er auf die Konsequenz-Ebene.

Aber was ist, wenn Nadine sich weigert, mit dem Lehrer vor die Tür zu gehen? Dann bleibt ihm immer noch die Möglichkeit, den Konflikt in die Pause zu vertagen:

„Aber ich gehe nicht mit vor die Tür."

„Gut, dann klären wir das nach der Stunde. Du bleibst dann bitte hier. Ich unterrichte jetzt weiter."

Vor einiger Zeit haben wir an einer weiterführenden Schule ein Deeskalations-Training für Lehrerinnen und Lehrer durchgeführt, die eigens für derartige Situationen wie unseren Handy-Konflikt ein Unterstützungs-System eingeführt haben:

(...)

„Und bei mir gebt ihr es ab, wenn es angeschaltet ist. Gib es mir bitte, und gut ist's."

„Nein, mach ich nicht."

„Okay, Nadine, an diesem Punkt kommen wir nicht weiter. Wir machen Folgendes: Du kannst dir eine Unterstützerin suchen und wir gehen dann zusammen raus und klären alles Weitere draußen. Wen möchtest du mit rausnehmen?"

„Caro."

„Gut, Caro, bist du einverstanden? Dann kommt bitte eben mit vor die Klasse."

Die Schule, von der wir dieses Modell übernommen haben, berichtet von großen Erfolgen: Eine Weigerung, mit dem Lehrer oder der Lehrerin den Konflikt vor der Tür zu klären, kommt durch das etablierte Unterstützer-System so gut wie nicht mehr vor. Und die Wahrscheinlichkeit, dass sich ein Konflikt außerhalb der Klasse einvernehmlich und deeskalativ klären lässt, ist riesig groß.

> Die deeskalative Verlagerung eines erstarrten Konflikts an einen günstigeren Ort bietet drei große Chancen: Vermeidung von Öffentlichkeit, Bewegung in einen Konflikt bringen, kleinen zeitlichen Puffer einbauen.

Lösung 8: Entgegenkommen anbieten

Die Unterbreitung eines Angebotes zum Entgegenkommen ist die wahrscheinlich schwierigste aller deeskalativen Lösungsansätze. Wir möchten diese Möglichkeit zunächst an dem Beispiel von Tobias mit seiner Trinkflasche aufzeigen. Wir zeigen Ihnen nur die letzten Sekunden dieses Konflikts, in dem die Lehrerin aktive Deeskalations-Techniken angewendet und dadurch ihrerseits jede Eskalation vermieden hat:

(„…")

„Auf der Jungentoilette liegen überall Papierhandtücher rum – und da passiert nie was."

„Stimmt, das sieht oft wirklich schlimm aus. Und genau deshalb bitte ich dich, dass wenigstens du deine Trinkflasche entsorgst. Ist doch kein Akt: Zwei Sekunden, und die Sache ist erledigt."

„Darum geht's mir aber nicht. Ich finde es einfach nur ungerecht. Immer ich."

„Okay, damit nicht immer nur du dran bist, biete ich dir einen Kompromiss an: Ich hebe die Trinkflasche auf, und du wirfst sie weg – einverstanden?"

„Ja, ich mach es ja schon …"

Eine andere Möglichkeit des Entgegenkommens könnte auch lauten:

„Tobias, damit wir beide noch was von unserer Pause haben, biete ich dir folgenden Kompromiss an: Ich gehe gleich zum Hausmeister und informiere

ihn noch einmal über die Jungentoilette, und du wirfst eben deine Trinkflasche in den Müll – einverstanden?"

Oder aber:

„Tobias, machen wir es einfach so: Du musst deine Trinkflasche nicht sofort aufheben. Ich drehe noch eine Runde, und während dieser Zeit hebst du einfach deine Flasche auf. Okay?"

An diesen Beispielen können Sie erkennen, was das Wesensmerkmal der Unterbreitung eines Angebotes des Entgegenkommens ist:

> Der regelverletzenden Person wird zu verstehen gegeben, dass nicht nur sie es ist, die sich in einem verhärteten Konflikt einseitig bewegen muss. Die Lehrperson bringt Bewegung in einen erstarrenden Konflikt, indem sie der regelverletzenden Person an einem Punkt entgegenkommt. Dadurch wird begünstigt, dass sich auch das Gegenüber ohne Gesichtsverlust bewegen kann.

Für die Wirksamkeit eines Angebotes zum Entgegenkommen ist es weniger wichtig, wie gerecht die angebotene Lösung tatsächlich ist, sondern dass die Lehrperson selbst eine eigene Bewegung, Anstrengung oder Entbehrung für den festgefahrenen Konflikt anbietet – Erstarrung durch Bewegung auflösen.

Es muss aber gewährleistet sein, dass durch das Entgegenkommen die Substanz der Regel nicht infrage gestellt wird:

PRAXIS

„Hassan, kein Essen im Unterricht. Pack bitte deinen Riegel weg."

„Aber ich habe Hunger und wir hatten eben Sport."

„Dafür haben wir ja Pausen. Steck bitte deinen Riegel weg."

„Aber wenn ich nichts esse, dann kann ich mich nicht konzentrieren. Dann bin ich nämlich unterzuckert."

„Hassan, in der Pause gerne. Aber im Unterricht nicht. Also pack es weg."

„Mann, das ist voll gemein. Andere Lehrer sagen auch nichts. Können Sie die ganze Klasse fragen. Stimmt doch, oder?"

„Hassan, mein Angebot an dich: einen Bissen noch, und dann steckst du den Rest in deine Tasche."

Die Unterbreitung eines solchen Angebots des Entgegenkommens vor der Klasse ist aber nicht ganz unbedenklich. Wenn zu befürchten steht, dass andere Schülerinnen und Schüler das Entgegenkommen dazu benutzen werden, künftig bei ähnlichen Regelverstößen einen Präzedenz-Fall zu konstruieren (*„Aber Hassan durfte gestern auch noch einen Bissen nehmen. Das ist ungerecht, wenn ich …"*), dann sollten Sie auf diesen Lösungsansatz verzichten. Oder aber Sie können durch folgende Vorgehensweise verhindern, dass aus dem Konflikt ein Präzedenz-Fall wird:

„So – das war jetzt der letzte Kompromiss. Ab sofort gilt für alle und ohne Ausnahme: Kein Essen im Unterricht. Klar?“

Für das Handy-Beispiel hat uns vor einiger Zeit ein Lehrer in einem unserer Deeskalations-Trainings einen verblüffenden Vorschlag des Entgegenkommens in einem Rollenspiel vorgestellt, den er tatsächlich in einer analogen Situation mit einem Schüler (erfolgreich) angewendet hat:

(…)

„Gib es bitte ab, komm.“

„Das ist total gemein: Ich habe es doch direkt ausgemacht. Das ist unfair.“ (laut und gereizt)

„Nadine, ich biete dir einen Kompromiss an: Du weißt, wie sehr ich an meinem Handy hänge. Ich gebe mein Handy ebenfalls ab. Wir legen beide unsere Handys in mein abgeschlossenes Fach. Und ich verspreche dir, dass ich es ebenfalls nicht benutze bis heute Mittag. Einverstanden?“

Und zu guter Letzt wieder einmal die obligatorische Gretchenfrage: Was ist, wenn die Schülerinnen und Schüler das jeweilige Angebot des Entgegenkommens ablehnen? Die Antwort lautet erneut: Überhaupt kein Problem. Dann bleiben wie immer die beiden Möglichkeiten, den Konflikt entweder zu vertagen oder aber auf die Konsequenz-Ebene zu wechseln:

> Die Wirksamkeit eines Angebots zum Entgegenkommen besteht darin, dass durch die Botschaft des „Ich bewege mich auf dich zu“ den regelverletzenden Schülerinnen und Schülern ebenfalls eine Bewegung (= regelkonformes Verhalten) ohne Gesichtsverlust ermöglicht wird.

3.3.3 Wer die Wahl hat …

Viele Möglichkeiten

Wir haben Ihnen acht Möglichkeiten vorgestellt, wie Sie trotz mehrfachem *„Nö, mach ich nicht …“* in Konflikten nach leichten Regelverstößen weiter verfahren können. Natürlich sind nicht alle der aufgezeigten Lösungsvorschläge auf jeden Konflikt übertragbar: In manchen Situationen lassen sich keine Zeitpuffer einräumen, und manchmal ist ein Ortswechsel nicht durchführbar. Häufig gibt es auch Situationen, in denen ein Entgegenkommen keine brauchbare Alternative darstellt. Aber wir haben versucht aufzuzeigen, dass der übliche Weg, nämlich die Androhung von Konsequenzen für den Fall der Nicht-Beachtung der jeweiligen Regel, nur eine von vielen Optionen ist, auf die Lehrerinnen und Lehrer bei der Total-Verweigerung nach leichten Regelverstößen zurückgreifen können. Uns ging es primär um die Auflösung der Denkblockade, dass nach erfolgloser deesakalativer Einflussnahme die Ebene des Drucks (Konfrontation bzw. Androhung von Konsequenzen) alternativlos sei und die einzige Möglichkeit darstelle, die eigene Autorität zu retten.

> Das Vertagen eines festgefahrenen Konflikts, das Anbieten von Kompromissen, die wohlwollende Warnung vor Konsequenzen oder die Verlagerung eines Konflikts auf den Flur – all diese Lösungen können ohne jeglichen Anflug von Autoritätsverlust durchgeführt werden.

Druck verengt

Wir möchten an dieser Stelle noch einmal betonen: Die deeskalativen Strategien 3 bis 8 funktionieren nicht, wenn der Konflikt in den vorangegangenen 30–40 Sekunden auch aufseiten der Lehrerinnen und Lehrer bereits eskaliert ist:

PRAXIS

„Paul, du hast vergessen, deine Kappe abzusetzen."

„Hab ich nicht vergessen. Ich will sie nicht absetzen."

„Du kennst unsere Regel – du setzt sie ab." (strenger Ton)

„Das ist doch eine total blöde Regel: Ich habe vergessen, mir die Haare zu waschen und …" (Unterbrechung durch den Lehrer)

„Das interessiert mich überhaupt nicht. Du setzt sie ab, und zwar jetzt." (scharfer und aggressiver Ton)

„Tu ich nicht. Sie haben mir gar nichts zu sagen."

„Und ob ich das habe. Und du tust jetzt ganz schnell, was ich dir sage. Ab damit! Und zwar sofort." (laut, scharf, aggressiv, drohend)

„Nein, mach ich nicht!"

Dieser Konflikt nach einem leichten Regelverstoß hat sich von einem anfänglichen Spiel innerhalb von 20 Sekunden in einen Machtkampf verwandelt. Der Lehrer ist nach jedem Widerstand seitens des Schülers durch die Anhebung seines Status immer weiter in die Eskalations-Spirale eingestiegen, um dadurch den Druck auf den Schüler zu erhöhen. Das Ergebnis dieser Zuspitzung: Der Konflikt wurde für beide Seiten immer enger und mutierte zu einem Kampf, in dem es nur noch einen Sieger geben kann. Entweder der Schüler setzt seine Kappe ab und verliert dadurch auch sein

Gesicht, oder aber er bleibt bei seiner Weigerung, dann droht dem Lehrer ein Autoritätsverlust. Und um diesen zu vermeiden, bleibt diesem nur noch der Rückgriff auf die Konsequenz:

(„…")

„Und ob ich das habe. Und du tust jetzt ganz schnell, was ich dir sage. Ab damit! Und zwar sofort." (laut, scharf, aggressiv, drohend)

„Nein, mach ich nicht!"

„Letzte Chance: Entweder, du nimmst sie ab, oder das Ganze hat Konsequenzen. Und zwar nicht für deine Kappe, sondern weil du dich meiner Anweisung widersetzt, sie abzusetzen. Das ist ein schwerer Regelverstoß und gibt großen Ärger. Wie ist deine Entscheidung?"

„Nö, mach ich nicht."

„Okay – du hast es so gewollt und trägst die Konsequenzen!"

Jede andere deeskalative Lösung wie beispielsweise das Gewähren einer Auszeit, das Vertagen des Konflikts oder die Unterbreitung eines Kompromissangebotes wären sowohl von dem Schüler selbst als auch von allen Zuschauerinnen und Zuschauern des Konflikts als Schwäche und Autoritätsverlust des Lehrers wahrgenommen worden: Als Tiger gesprungen – und als Bettvorleger gelandet.

Der Lehrer würde agieren wie ein Schiedsrichter, der einem Spieler die gelbe Karte zeigt und nach dessen weiteren Fouls wieder auf die Ebene der Ermahnung zurückkehrt, statt ihn folgerichtig und konsequent des Platzes zu verweisen.

Während der etwa 30- bis 40-sekündigen Phase der aktiven Deeskalation werden unserer Beobachtung nach die meisten Fehler begangen. Hier wird allzu häufig und ohne jede Not durch sofortige oder schleichende Eskalation seitens der am Konflikt beteiligten Lehrerinnen und Lehrer die Tür für die deeskalativen Lösungen zugeschlagen. Jede Eskalation eines Konflikts geschieht mit der bewussten oder unbewussten Intention, den Druck auf die regelverletzenden Personen zu erhöhen, um dadurch deren Widerstand zu brechen. Aber der Einsatz von Druck durch Statusanhebung erzeugt auf der Schülerseite sofortigen Gegendruck. Im Verlaufe eines eskalierenden Konflikts wird es für beide Seiten zunehmend enger.

> Nicht nur die regelverletzende Person gerät in der Konfrontation immer stärker unter Druck, sondern auch die Lehrkraft selbst. Denn ihr bleibt bei fortgesetzter Verweigerung nur noch eine Möglichkeit, ihren Kopf ohne Autoritätsverlust aus der Schlinge zu ziehen – die Konsequenz-Ebene.

Deeskalation lässt Spielraum

Wäre der Lehrer während des Widerstands von Paul gegen das Abnehmen seiner Kappe in der Aktiven Deeskalation geblieben, hätte er neben den beiden konfrontativen weitere sechs deeskalative Möglichkeiten gehabt, trotz fortgesetztem *„Nö, mach ich nicht"* weiter zu verfahren:

„Paul, du hast vergessen, deine Kappe abzusetzen."

„Habe ich nicht vergessen. Ich will sie nicht absetzen."

„Du kennst unsere Regel – setze sie bitte ab." (freundlicher Ton)

„Das ist doch eine total blöde Regel: Ich habe vergessen, mir die Haare zu waschen und deshalb möchte ich sie auflassen."

„Tut mir leid Paul. Ich kann da keine Ausnahme machen. Setze sie bitte ab." (freundlicher Ton)

„Und wieso dürfen die muslimischen Mädchen ihr Kopftuch tragen?"

„Paul – das haben wir alles diskutiert. Und du warst dabei. Komm, keine Diskussionen im Unterricht. Setze sie bitte ab, dann können wir beginnen." (freundlicher Ton)

„Aber ich finde das ungerecht."

An dieser Stelle ist es für den Lehrer sinnvoll, den Konflikt abzubrechen und dem Schüler eine deeskalative Lösung anzubieten: Zeitfenster einräumen, Verlagern des Konflikts vor die Tür oder die Gewährung einer Auszeit. Und sollte Paul entgegen jeder Wahrscheinlichkeit bei seiner Weigerung bleiben, die Kappe abzusetzen, kann der Lehrer immer noch auf die Ebene der Konsequenz wechseln.

Und natürlich verfolgt der Lehrer in dem Gespräch vor der Tür das Ziel, dass Paul ohne seine Kappe in den Unterricht zurückkehrt. Die Chancen dafür stehen, wie wir oben bereits aufgezeigt haben, gut. Doch sollte Paul entgegen jeder Wahrscheinlichkeit bei seiner Weigerung bleiben, kann der Lehrer immer noch auf die Ebene der Konsequenz wechseln.

Anders als bei der Konfrontation ist es das Ziel der nicht-eskalierenden freundlichen Bestimmtheit, eine regelverletzende Person oder Gruppe nicht in die Enge zu treiben. Und solange die regelverletzenden Personen nicht in die Ecke gedrängt werden, behält auch die jeweilige Lehrkraft Spielraum – auch wenn die Einflussnahme in den 30–40 Sekunden nicht gelingen sollte.

> Lassen Lehrerinnen und Lehrer den regelverletzenden Personen Raum, behalten sie selbst Spielraum, um bei fortgesetzter Weigerung weiter zu handeln: Sie können zwischen mehreren Optionen auswählen, um in den Konflikten nach leichten Regelverstößen weiter zu verfahren.

Pädagogische Entscheidung

Die beste Lösung gibt es nicht. Und wir werden auch keine Empfehlungen geben, welche der vorgestellten Strategien besser oder schlechter sind. Wir möchten lediglich betonen, dass eine Lehrkraft, die mit einem mehrfachen *„Nö, mach ich nicht"* konfrontiert ist und diesen Widerstand deeskalativ beantwortet, zwangsläufig vor einer pädagogischen Entscheidung steht:

- **Die Schülerin oder der Schüler hat sich einer Anweisung widersetzt**: Die Lehrkraft hat die Option, den spielerischen Widerstand ab einem Zeitpunkt, den sie selbst definiert, zu bewerten als „hat sich den Anweisungen des Lehrers widersetzt". Nach diesem Zeitpunkt verlässt die regelverletzende Person oder Gruppe die Ebene des ursprünglich leichten Regelverstoßes und begeht mit ihrem Widerstand einen mittleren oder gar schweren Verstoß. Die Folge dieser Bewertung ist die Möglichkeit, auf die Konfrontations-Ebene (= gelbe Karte) oder auf die Konsequenz-Ebene (= rote Karte) zu wechseln.
- **Die Schülerin oder der Schüler hat sich verrannt:** Die Lehrkraft hat aber auch die Option, den spielerischen und manchmal auch provokativen Widerstand der regelverletzenden Person als ein Sich-Verrennen zu bewerten. Dann sind die oben vorgestellten deeskalativen Lösungen geeigneter, den erstarrten Konflikt aufzulösen und Bedingungen dafür zu schaffen, diesseits der Konsequenz-Ebene zu einer Lösung des Konflikts (= regelkonformes Verhalten ohne Gesichtsverlust) zu kommen.

Wir haben oben bereits beschrieben, dass sich eine absolute Mehrheit der Teilnehmerinnen und Teilnehmer in unseren Trainings auf die Frage hin, wie es nach 30- bis 40-sekündigem Widerstand weitergehen kann, spontan und nahezu alternativlos für die Androhung von Konsequenzen entscheidet. Nach der Erarbeitung der 8 Lösungsmöglichkeiten jedoch werden die ersten beiden Optionen, nämlich die Eskalation des Konflikts durch Konfrontation oder die Androhung von Konsequenzen, von den gleichen Lehrkräften wesentlich kritischer gesehen – und das aus mehreren Gründen:

- Der inflationäre Gebrauch von Konfrontation und Konsequenzen führt zu deren **Entwertung**.
- Konfrontation und Konsequenzen sind die angemessene Antwort auf mittlere oder gar schwere Regelverstöße (s. u.). Wer diese Mittel flächendeckend auch nach leichten Regelverstößen anwendet, wertet sie ab und setzt auch die **eigene Autorität** aufs Spiel.
- Der spielerische Widerstand von regelverletzenden Schülerinnen und Schülern ist **lästig, aber legitim**. Natürlich müssen die Schülerinnen und Schüler lernen, dass sie damit nicht durchkommen. Aber das mehrfache

„*Nö*" und die damit verbundenen Argumente stellen nicht in jedem Fall mittlere oder gar schwere Regelverletzungen dar. Wir leben in einer Verhandlungs-Gesellschaft. Auch wir Erwachsenen betrachten den argumentativen und gewaltfreien Widerstand als **legitime Mittel**, um uns gegen unliebsame Vorgaben, Erlasse oder Gesetze zur Wehr zu setzen.

- Viele Schülerinnen und Schüler **vergaloppieren** sich in Konflikten allzu schnell und stehen sich dann selbst im Weg. Auf jede ihrer unbeholfenen Eskalationen mit dem Aufbau von Druck zu antworten, hieße, sie immer wieder in die Enge und damit in die Konsequenzen zu treiben. Daher kann es oft ratsam sein, die jeweiligen Schülerinnen oder Schüler durch Deeskalations-Angebote vor sich selbst zu schützen.
- Die Eskalation von ursprünglich leichten Regelverstößen durch Konfrontation und Konsequenz birgt die Gefahr von **Beziehungsstörungen** und **Gegendruck**. Viele Schüler reagieren auf häufige Konfrontationen und Konsequenzen mit innerer Kündigung oder offener Rebellion.
- Wer keine brauchbare Konsequenz **als Joker** in der Hinterhand hat, sollte niemals in die Konfrontation oder gar auf die Konsequenz-Ebene gehen. Und wir müssen uns einfach eingestehen, dass wir für so manche Situation tatsächlich keine Konsequenzen mehr zur Hand haben.

Es gibt viele Argumente für und gegen die eskalativen bzw. deeskalativen Lösungen. Pauschale Empfehlungen wären pädagogisch fahrlässig. Unser Ziel bestand lediglich darin, das Tor für deeskalative Lösungen zu öffnen und aufzuzeigen, dass weder die Aktive Deeskalation selbst noch die weiteren deeskalativen Schritte danach Ausdruck von Schwäche oder Autoritätsverlust sind. Im Gegenteil: Da die meisten Regelverstöße auf dem Schulhof oder in der Klasse leichte Verstöße sind, ist die deeskalative Vorgehensweise das vorherrschende pädagogische Mittel, um frühzeitig und konsequent einzugreifen und weitere Eskalationen zu verhindern.

Beobachten Sie ein Fußballspiel: Auch dort sind mehr als 90 Prozent der Regelverstöße leichte Fouls, auf die der Schiedsrichter konsequent, frühzeitig und deeskalativ reagiert. Und nur bei wiederholt leichten Fouls desselben Spielers oder bei mittleren und schweren Fouls eskaliert er, indem er zum Karton greift. Die Lenkung eines Spiels aber findet überwiegend im deeskalativen Bereich statt.

> Das grundlegende pädagogische Handlungsrepertoire von Lehrerinnen und Lehrern besteht heutzutage zu mehr als 90 Prozent aus geschickter, frühzeitiger und konsequenter Deeskalation nach Regelverstößen. Und nur in Ausnahmefällen wird auf die Konfrontation oder gar die Konsequenz zurückgegriffen.

4 Konfrontation

Wertschätzende Grenzziehung

Auch wenn, wie wir oben dargelegt haben, der inflationäre Gebrauch von gelben und roten Karten einem pädagogischen Offenbarungseid gleichkommt und zur Erosion von Autorität beiträgt, so wollen wir natürlich nicht verhehlen, dass es in bestimmten Konflikten notwendig ist, auf Deeskalation zu verzichten und stattdessen grenzverletzende Schülerinnen und Schüler mit ihrem Vergehen zu konfrontieren oder sogar direkt auf die Ebene der Konsequenz zu wechseln. Daher werden wir in diesem Kapitel Kriterien dafür entwickeln, wann eine Konfrontation sinnvoll sein kann und wie sie wirksam durchgeführt wird.

Aber die Wirksamkeit einer Konfrontation kann und darf nicht das alleinige Kriterium einer gelungenen Konfrontation sein. Die Akzeptanz einer Grenze und die Befolgung einer Regel seitens der jeweiligen Schülerinnen und Schüler nach mittleren und schweren Vergehen ist eine notwendige, aber nicht hinreichende Bedingung dafür, dass eine konfrontative Lehrerintervention erfolgreich war. Eine zweite Bedingung ist, wie auch schon bei der Deeskalation, die Wertschätzung den regelverletzenden Schülerinnen und Schülern gegenüber. Die Messlatte für eine gelungene und pädagogisch angemessene Konfrontation ist demnach wieder einmal sehr hoch gelegt:

> Bei aller Klarheit der Grenzziehung darf eine Intervention niemals übergriffig sein. Stets muss der Lehrerauftritt so gestaltet werden, dass die Schülerinnen und Schüler ihr Gesicht wahren können und durch die Konfrontation nicht erniedrigt und entwertet werden.

4.1 Fallstricke

Explosionen und Implosionen

Bevor wir die wichtigsten Prinzipien einer wertschätzenden Konfrontation anhand von konkreten und praxisnahen Fallbeispielen entwickeln werden, möchten wir die schwerwiegendsten Fallstricke herausarbeiten, über die wir immer wieder stolpern, wenn es gilt, Schülerinnen und Schülern nach mittleren oder gar schweren Regelverstößen konfrontativ Einhalt zu gebieten:

- Statt den wiederholt leichten Regelverstößen innerhalb einer Stunde ab einem bestimmten Punkt eine klare Grenze zu setzen, tappen Lehrerinnen und Lehrer häufig in die Falle der sich immer **wiederholenden und dadurch an Wert und Überzeugungskraft verlierenden deeskalativen Ermahnungen**.
- Ein weiterer Stolperstein auf dem Weg zur wertschätzenden Konfrontation ist die **innere Kapitulation** von Lehrkräften gegenüber Schülerinnen und Schülern, die massiv übergriffiges Verhalten zeigen: Die jeweiligen Lehrerinnen und Lehrer **implodieren** innerlich und ihre Grenzsetzungen wirken zaghaft – aus „Stopps" werden „Stöppchen".
- Bei vielen Konfrontationen, die tagtäglich auf unseren Schulhöfen und in unseren Klassenzimmern durchgeführt werden, **explodieren** die Lehrkräfte und stauchen die Schülerinnen und Schüler kräftig zusammen. Dabei bleibt die Wertschätzung leider allzu häufig auf der Strecke.

Wir werden in den folgenden Abschnitten diese Fallstricke einer wertschätzenden Konfrontation detaillierter aufzeigen und mögliche Ansätze vorstellen, wie Sie die Verstrickungen darin künftig vermeiden können.

4.1.1 Sich selbst entwertende Deeskalationen

Mehrfache leichte Störungen

PRAXIS

Zwei Schülerinnen einer 6. Klasse stören zum wiederholten Male in einer Stunde den Unterricht, indem sie immer wieder ihre Köpfe zusammenstecken und sich leise unterhalten. Der unterrichtende Fachlehrer hat sie bereits mehrfach deeskalativ angesprochen und leise ermahnt:

„Jessica, Fatima: Wir haben Stillarbeit. Keine Nebengespräche. Die anderen möchten konzentriert arbeiten. Bearbeitet bitte eure Arbeitsblätter."

Nach diesen und ähnlichen desskalativen Ansprachen haben die beiden Schülerinnen stets ohne nennenswerten Widerstand ihre Störungen für einige Zeit eingestellt und ihre Arbeiten erledigt. Doch bereits wenige Minuten nach der jeweils letzten deeskalativen Ermahnung seitens des Lehrers führten sie ihre Unterhaltung fort. Der Lehrer interveniert daher bereits zum vierten Mal während dieser Stunde, indem er die beiden Freundinnen leise und freundlich anspricht:

„Fatima und Jessica: Ich habe euch doch schon mehrfach gesagt, dass ihr bitte ruhig sein sollt. Die anderen Schülerinnen und Schüler möchten nicht abgelenkt werden. Jetzt ist wirklich Schluss – okay?"

„Ja klar, wir sind ja ruhig. Aber Thomas und Svenja unterhalten sich auch die ganze Zeit."
„Da gehe ich jetzt auch hin. Aber ihr seid bitte leise – klar?"
„Sind wir ja."

Mit dieser vierten deeskalativen Intervention sendet der Lehrer die implizite Botschaft an die störenden Schülerinnen: *„Ihr könnt immer wieder stören. Ich werde stets weiter deeskalativ vorgehen. Jede weitere Unterhaltung wird ebenso folgenlos bleiben wie die bisherigen vier Störungen auch: Euch wird nichts passieren."*

Der Lehrer handelt wie ein Schiedsrichter, der auch nach dem vierten leichten Foul eines Spielers auf das Zeigen der gelben Karte verzichtet. Dabei ist der Sachverhalt im Fußball eindeutig: Mehrfache leichte Fouls eines Spielers in einem Spiel summieren sich und stellen bei einem erneuten leichten Foul einen mittleren Regelverstoß dar, der mit einer gelben Karte geahndet wird.

Die Schüler mit ihrem Fehlverhalten konfrontieren

Und wenn wir dieses Vorgehen eines Schiedsrichters auf die wiederholten Unterrichtsstörungen während einer Stunde übertragen, dann kommen wir zu einem ähnlichen Ergebnis wie in einem Fußballspiel: Die wiederholten leichten Regelverstöße der beiden Schülerinnen führen in der Summe dazu, dass eine erneute leise Unterhaltung den Tatbestand eines mittelschweren Regelverstoßes darstellt – die Freundinnen bekommen für ihre vierte Störung die gelbe Karte in Form einer Konfrontation gezeigt:

„Jessica und Fatima: Stopp! Das ist jetzt das vierte Mal, dass ihr stört. Jetzt ist Schluss." (energisch-bestimmter Ton)

„Aber wir haben uns doch nur ..."

„Nein! Keine Diskussion. Ihr habt mich verstanden. Schiebt eure Stühle auseinander und setzt euch an den Rand des Tisches."

„Die anderen stören doch auch."

„Jetzt geht es um euch. Rutscht auseinander."

„Ja, ist ja gut."

Durch seinen Satz *„Das ist jetzt das vierte Mal, dass ihr stört"* macht der Lehrer deutlich, dass sein konfrontativer Auftritt eine Reaktion auf die wiederholten Störungen der Schülerinnen ist. Damit sendet er die wichtige implizite Botschaft: *„Ich verändere meinen Auftritt, weil ihr die Ebene der leichten Regelverstöße verlassen habt – und nicht, weil ich euch persönlich angreifen möchte. Meine Konfrontation ist eurem Verhalten und nicht eurer Person ge-*

schuldet." Durch diese Klarstellung gelingt ihm die Kritik des Verhaltens der Schülerinnen, ohne sie als Personen anzugreifen.

Darüber hinaus enthält der Hinweis des Lehrers, dass seine Konfrontation eine Reaktion auf das wiederholte störende Verhalten der Schülerinnen ist, eine weitere implizite Botschaft: *„Ich reagiere nicht etwa willkürlich, sondern berechenbar auf euer Verhalten. Ihr habt die Verantwortung für eure fortgesetzten Störungen, und damit tragt ihr auch die Verantwortung für meine angemessene Reaktion. Ich bin lediglich der Sachwalter des Regelwerks."*

Natürlich stellt sich an dieser Stelle die Frage, wie viele leichte Regelverstöße vorfallen müssen, damit sie sich zu einem mittelschweren Regelverstoß addieren. Das kann von Lehrperson zu Lehrperson, von Schüler zu Schülerin, von Klasse zu Klasse oder auch von Stunde zu Stunde unterschiedlich sein: Manche Lehrerinnen und Lehrer intervenieren eher als andere konfrontativ. Bei manchen Schülerinnen oder Schülern empfiehlt sich eine frühzeitigere, bei anderen eine spätere Konfrontation (s. u.). In manchen Klassen kann man die Zügel lockerer halten, in anderen muss man sie früher anziehen. Und in manchen unruhigen Stunden muss man schneller konfrontativ reagieren als in entspannten Stunden.

Wir können nur zwei Dinge zu bedenken geben:

1. Durch den allzu frühzeitigen Übergang auf die Konfrontations-Ebene wird möglicherweise der „Spielfluss" des Unterrichts zerstört. Denn Konfrontation heißt immer Druck in eine Situation eingeben. Und Druck erzeugt potenziell Gegendruck. Ein lebendiger Unterricht wiederum lässt sich nicht durch allzu großen Druck erzwingen. Im Gegenteil: Druck erzeugt Angst – und Angst ist einer der größten lernhemmenden Faktoren.
2. Auf der anderen Seite gilt: Durch eine fortgesetzte Deeskalation auch nach mehrfach leichten Störungen wird nicht nur den betreffenden Schülerinnen und Schülern ein Freibrief für weitere folgenlose Störungen ausgestellt, sondern die ganze Klasse erkennt, dass die jeweilige Lehrperson keine Mittel anwendet oder zur Verfügung hat, um auf Eskalationen adäquat zu reagieren.

> Es gibt keine objektiven pädagogischen Kriterien dafür, nach welcher Anzahl von leichten Störungen eine Konfrontation sinnvoll ist. So, wie ein Schiedsrichter seine Entscheidung für das Zeigen einer gelben Karte immer auch vom Verlauf des jeweiligen Spiels abhängig macht, so sollten auch Lehrerinnen und Lehrer ihre Entscheidung von ihrem pädagogischen Fingerspitzengefühl abhängig machen.

Eine gelbe Karte liegt in der Luft

Im Fußball gibt es noch eine weitere Regel, die sich unseres Erachtens auf Unterrichtsstunden übertragen lässt: Nach mehreren leichten Fouls auch unterschiedlicher Spieler liegt, abhängig vom jeweiligen Spielverlauf, eine gelbe Karte in der Luft. Das bedeutet: Wenn in einer Phase eines Spiels innerhalb kürzerer Zeit von unterschiedlichen Spielern mehrere leichte Fouls begangen werden, muss jeder weitere leicht foulende Spieler damit rechnen, dass er für ein gleich schweres bzw. leichtes Vergehen die gelbe Karte bekommt. Alle Spieler, die einen Rasen betreten, haben ein Gefühl dafür, wann eine gelbe Karte in der Luft liegt, und können ihr Verhalten darauf einstellen.

Auf eine Unterrichtsstunde übertragen würde das bedeuten, dass es auch hier Phasen gibt, in denen nach mehreren leichten Störungen auch unterschiedlicher Schülerinnen und Schüler die Reaktion einer Lehrperson auf eine erneute leichte Störung einer weiteren Schülerin durchaus konfrontativ ausfallen kann:

„Kim: Stopp. Keine Zwischenrufe in die Klasse. Das ist jetzt der fünfte Zwischenruf innerhalb kurzer Zeit – nicht nur von dir Kim. Jetzt ist Ruhe. Das gilt für dich – und für alle anderen auch. Meldet euch, wenn ihr etwas sagen wollt.“

Entscheidend war auch bei dieser Intervention, dass die Lehrperson den Bezugsrahmen ihrer Konfrontation (*„die fünfte Störung innerhalb kurzer Zeit“*) deutlich gemacht hat. Darüber hinaus hat sie durch ihren Hinweis, dass das für alle anderen Schülerinnen und Schüler auch gilt, Druck von Kim genommen und auf die Klasse übertragen – sie hat die Konfrontation dadurch ein Stück weit entpersonifiziert.

Bei dieser Art von Konfrontation nach leichten Regelverstößen unterschiedlicher Schülerinnen und Schüler ist es unseres Erachtens aber nicht nur wichtig, eine möglichst große Transparenz herzustellen, sondern auch darauf zu achten, dass diese Regel („Gelbe Karten können in der Luft liegen“) mit der Klasse im Vorfeld erarbeitet worden ist. Dadurch holt sich die Lehrperson die Legitimation ab, im Falle mehrfacher Störungen diese Regel auch durchzusetzen. Und wichtig ist auch, darauf zu achten, dass es nicht immer die gleichen Schülerinnen und Schülern sind, die – scheinbar aus der Luft gegriffen – zu Opfern der Konfrontation werden.

> Wiederholt leichte Regelverstöße auch unterschiedlicher Schülerinnen und Schüler können sich im Verlauf einer Unterrichtsstunde zu einem mittleren Regelverstoß addieren und eine konfrontative Reaktion seitens der unterrichtenden Lehrerkräfte erfordern.

4.1.2 Schwaches Stopp

Streit im Unterricht

PRAXIS

Zwei pubertierende Schüler, Hassan und Leon, sitzen im Unterricht nebeneinander und teilen sich eine Schulbank. Während des Fachunterrichts kommt es zu einem heftigen und lauten Streit, in dem vor allem Leon immer lauter und ausfallender gegenüber seinem Mitschüler Hassan wird:

„Ey, Hassan, hast du sie noch alle! Verpiss dich von meinem Tisch. Hau ab hier!“

„Ich hab doch gar nichts gemacht. Du kommst doch immer zu mir rüber. Hau du doch ab.“

„Ey, du Opfer, von dir lass ich mir gar nichts sagen!“ (Mit diesen Worten drückt Leon Hassan weg.)

Die Geschichts-Lehrerin interveniert:

„Leon – was machst du da? Fass bitte Hassan nicht an. Und ich möchte nicht, dass ihr euch beschimpft. Wir haben doch die Regel, dass wir uns mit Respekt behandeln. Hört bitte damit auf.“ (freundlicher Ton)

„Wieso sagen Sie mir das? Ich habe doch gar nichts gemacht. Hassan, hat doch angefangen, der Penner. Sagen Sie ihm das.“

„Ey – selber Penner. Guck dich doch mal an.“

„Leon: Hassan ist kein Penner. Hör bitte mit den Beleidigungen auf. Und Hassan, das gilt bitte schön auch für dich. Ihr verstoßt beide gegen unsere Klassenregel. Ich möchte, dass ihr euch respektvoll behandelt. Ihr wollt ja auch nicht, dass ich so mit euch umgehe.“ (freundlicher Ton)

„Dann sagen Sie dem das – ich habe überhaupt nichts gemacht!“

„Stimmt doch gar nicht. Bist du bekloppt, oder was!“

„Was ist denn da los bei euch beiden?“ (freundlicher Ton)

Wir blenden uns aus dem laufenden Konflikt aus. Die beiden Kontrahenten schieben sich wechselseitig die Schuld für die Eskalation in die Schuhe und fahren mit ihren Beschimpfungen fort. Aber wir haben auch genug gesehen, um das Verhalten der Lehrerin analysieren zu können: Angesichts der massiven Grenzverletzungen und der schweren Regelverstöße (Beleidigungen; körperliche Attacken) der beiden pubertierenden Schüler ist der Status der Lehrerin während ihrer gesamten deeskalativen Intervention zu niedrig geblieben. Dadurch wird ihr Versuch, das Verhalten der Kontrahenten zu stoppen, zu einem „Stöppchen“: Die Verwendung des Wortes „Bitte“, ihr freundlicher Ton, ihre sinnstiftenden Erklärungen und ihr Unterfangen, den Streit der Schüler schlichten und lösen zu wollen, lassen sie schwach und hilflos erscheinen. Und wenn wir das Geschehen in dem Konflikt einmal auf unser grafisches Statusmodell übertragen, dann können wir erkennen, dass die Lehrerin die Führung in dem Konflikt an die beiden Kontrahenten übergeben hat:

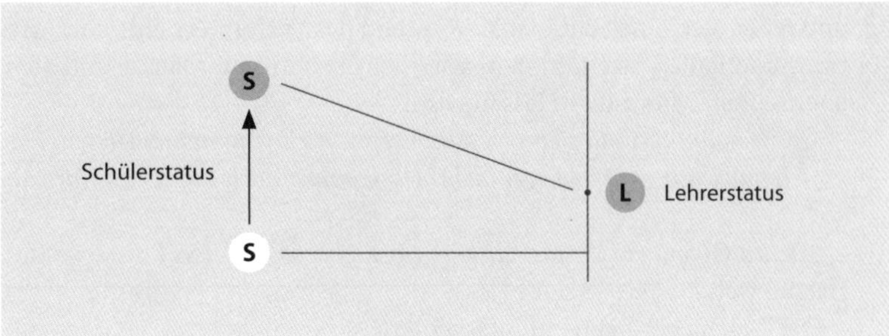

Abb. 4: Status-Modell

Die beiden Schüler Leon und Hassan haben in ihrem massiven Streit ihren jeweiligen Status (linke Seite der Grafik) hochgefahren und verwenden durchgehend statussteigernde Mittel, um den Druck auf den jeweiligen Mitschüler und auch die Lehrerin zu erhöhen: Drohgebärden und Kraftausdrücke. Die Lehrerin dagegen, und das zeigt die rechte Seite der Grafik, bleibt durch ihr deeskalatives „Stöppchen“ statusmäßig unter ihren Schülern. Und genau dadurch entsteht eine Schieflage: Nicht nur die beiden Streithähne, auch alle anderen Schülerinnen und Schüler in der Klasse nehmen die Lehrerin als hilflos und unterlegen wahr. Hassan und Leon haben in dem Konflikt durch ihren hohen Status „das Sagen“ und tanzen der Lehrerin auf der Nase herum.

> Fahren Schülerinnen oder Schüler während eines Konflikts ihren Status hoch, indem sie lauter und energischer werden, ist es für die jeweilige Lehrkraft unabdingbar, ihren eigenen Führungsstatus ebenfalls so weit anzuheben, dass sie ihre Vorgesetzten-Position auch verkörpert.

Innere Implosion – äußere Implosion

Über die Hintergründe dieses „Stöppchens“ lässt sich nur spekulieren. Vielleicht wollte die Lehrerin die Situation mit ihrer ruhigen Art einfach nur deeskalieren. Aber dann hätte sie nach wenigen Sekunden erkennen müssen, dass angesichts der eskalierten Situation diese Art von Deeskalation nicht nur zum Scheitern verurteilt ist, sondern die Lehrerin zusätzlich als führungsschwach erscheinen lässt.

Aus unseren Seminaren wissen wir aber auch, dass die Ursachen für ein „Stöppchen" bisweilen tiefer liegen: Manche Lehrerinnen und Lehrer fühlen sich durch das massive Verhalten ihrer Schüler (und häufig auch Schülerinnen) eingeschüchtert und überfordert – sie implodieren innerlich, sind verunsichert, geraten in einen inneren Tief-Status und sehen sich der Situation (bzw. den sehr körperlich agierenden Kontrahenten) nicht gewachsen.

> Aus dem inneren Tief-Status einer Lehrkraft kann ein äußerer Tief-Status in Form eines schwachen und zaghaften Stopps resultieren.

Für unser Beispiel könnte das bedeuten: Bei der Lehrerin führt die innere Implosion zu einer äußeren Implosion. Sie interveniert zwar und unternimmt Versuche, das Verhalten der Schüler zu stoppen, aber ihr Auftritt wirkt hilflos und schwach.

Die Ursache für die zaghafte Intervention der Lehrerin ist also in ihrer inneren Haltung begründet. Natürlich können wir keine allgemeingültigen Tipps und Rezepte dafür anbieten, wie wir uns durch die massiven Auftritte von Schülern und manchmal auch Schülerinnen weniger verunsichern lassen: Innere Haltungen lassen sich nicht per Knopfdruck erzeugen. Aber wir möchten einige Hilfestellungen geben, wie wir sukzessive eine klare innere Haltung angesichts von aggressiv auftretenden Schülerinnen und Schülern entwickeln können: Wenn Schülerinnen und Schüler schwere Regelverstöße oder massive Grenzverletzungen begehen, müssen wir von der Legitimität und Notwendigkeit einer Grenzziehung überzeugt sein. Auch wenn die Grenzverletzungen in unserem Beispiel nicht gegen die Lehrerin selbst gerichtet sind, sondern die beiden Kontrahenten sich gegenseitig (psychisch wie physisch) verletzen – die Lehrerin ist dafür verantwortlich, die Grenzen der beiden Streithähne zu sichern. Wir bemühen erneut das Bild eines Schiedsrichters: Wenn zwei Spieler sich wechselseitig psychisch oder gar physisch verletzen, ist er es, der für die geistige oder körperliche Gesundheit der Kontrahenten verantwortlich ist. Und diese Verantwortung hat er – als Chef im Ring – auch zu übernehmen.

Auf den Lehrberuf übertragen heißt das: Lehrerinnen und Lehrer als die Repräsentanten des Regelwerks müssen diesem zur Gültigkeit verhelfen, indem sie sich gegenüber den grenzverletzenden Schülerinnen und Schülern durchsetzen. Schwere Regelverstöße stellen immer massive Grenzverletzungen dar. Und je massiver eine Grenzverletzung ausfällt, desto entschlossener, massiver, klarer und statushöher muss auch die Grenzziehung seitens der Lehrerinnen und Lehrer sein. Die entscheidende innere Haltung ist demnach:

> Es ist nach mittleren oder schweren Regelverstößen meine Pflicht, durch entschlossenes und grenzsetzendes Handeln den Schülerinnen und Schülern ihre Grenzen aufzuzeigen.

In unseren Seminaren geben wir unseren Teilnehmerinnen und Teilnehmern mentale Hilfestellungen dafür, wie sie in entsprechenden Rollenspielen für eine angemessene Grenzziehung sorgen können: Sie bekommen vor dem eigentlichen Rollenspiel das Verhalten der Schüler einmal vorgespielt, ohne dass sie selbst als Akteure an dem Konflikt beteiligt sind. Nachdem sie den Konflikt aus einer gesicherten Position beobachten konnten, bekommen die designierten Rollenspieler, die in einem zweiten Spiel in die Rolle der grenzziehenden Lehrperson schlüpfen sollen, die Aufgabe, ihren eigenen Auftritt mit geschlossenen Augen erst einmal im Kopf durchzuspielen und mit Bildern zu visualisieren. Durch diese Art von mentalem Training, das in Theater und Sport mittlerweile weit verbreitet ist, werden im Gehirn der Probanden gedankliche Pfade geschaffen und Nervenbahnen geschaltet. Der innere Status der Rollenspieler steigt bereits während der mentalen Vorbereitung deutlich an und trägt in den meisten Fällen auch durch das anschließende reale Rollenspiel: Die Grenzziehung fällt in der Regel klar und deutlich aus.

Wiederholtes mentales Durchspielen von schwierigen Konflikten kann auch für Lehrerinnen und Lehrer eine hilfreiche Methode sein, sich innerlich einen Hoch-Status anzutrainieren, der dann auch nach einer konkreten Grenzverletzung aufseiten der Schüler und Schülerinnen zum Tragen kommen kann. Dazu ist es notwendig, sich selbst immer wieder zum Titelhelden des eigenen Films zu machen – ein Titelheld, der Schülerinnen und Schüler mit grenzverletzendem Verhalten erfolgreich und wertschätzend in ihre Schranken verweist.

> Wir müssen uns der Legitimität der Grenzziehung bewusst sein und dürfen uns von den grenzverletzenden Handlungen unserer Kontrahenten weder betroffen fühlen noch einschüchtern lassen. Nur wer innerlich sicher ist (= innerer Hoch-Status), kann auch äußerlich sicher auftreten.

4.1.3 Die Nerven liegen blank

Der Kragen platzt

Wir haben in den letzten Kapiteln immer wieder den Schiedsrichter als Rollenmodell für einen klaren Lehrerauftritt nach Regelverstößen und Grenzverletzungen bemüht. Natürlich sind wir uns dessen bewusst, dass diese ständigen Vergleiche an einer ganz entscheidenden Stelle haken: Während professionelle Schiedsrichter bestenfalls ein Spiel von 90 Minuten Länge pro Woche pfeifen müssen, stehen Lehrkräfte täglich mehrere Stunden vor einer Klasse, die nicht unbedingt nach ihrer Pfeife tanzen will. Die nervliche Belastung von Lehrerinnen und Lehrern dürfte aufgrund dieser Faktoren ungleich höher sein als die von Schiedsrichtern. Und dass sich aus dieser psychischen wie physischen Belastung unangemessene Reaktionen auf Regelverstöße und Grenzverletzungen ergeben können, versteht sich daher von selbst.

PRAXIS

Eine pubertierende Schülerin ruft während der Englisch-Stunde an einen Mitschüler gerichtet laut in die Klasse:

„Ey, Basti – du Idiot. Glotz nicht so blöd. Dir fallen noch die Augen aus deinem dämlichen Gesicht.“

Die sofortige Reaktion der Lehrerin erfolgt aggressiv und lautstark:

„Mareike, jetzt habe ich aber genug. Ich habe dir schon tausend Mal gesagt, dass du dir deine selten blöden Sprüche sparen kannst. Glaubst du, dass dein Gesicht besser ist als das von Bastian? Guck zur Tafel und halt endlich deine Klappe.“ (aggressiver Ton)

„Wieso machen Sie mich immer so an? Der glotzt die ganze Zeit zu mir rüber und schneidet Grimassen.“

„Guck nach vorne, dann siehst du sie nicht. Und jetzt sei endlich still. Ich will unterrichten und mich nicht mit euren Kindergarten-Zankereien beschäftigen. Das gilt auch für dich, Basti!“ (aggressiver Ton)

Selbstverständlich ist es – menschlich gesehen – nachvollziehbar, dass die Lehrerin angesichts dieses Zwischenrufs ihrer Schülerin Mareike der Kragen platzt. Schließlich handelt es sich um Beleidigungen eines Mitschülers und damit um einen schweren Regelverstoß. Und klar ist auch, dass die Intervention der Lehrerin konfrontativ erfolgen muss: Die grenzverletzende Schülerin muss von der unterrichtenden Lehrerin zweifelsfrei in die Schranken gewiesen werden.

Und doch ist die Intervention der Lehrerin höchst unprofessionell ausgefallen:

- Die Lehrerin ist auf die gleiche Ebene gegangen wie die beleidigende Schülerin und hat sie persönlich angegriffen: *„Glaubst du, dass dein Gesicht besser ist als das von Bastian?“*
- Mit der Übertreibung *„schon tausend Mal“* verlässt sie die Ebene der sachlichen Kritik des aktuellen Regelverstoßes und greift die Person der Schülerin an. Denn die implizite Botschaft ihrer Übertreibung lautet *„Du bist eine Störerin“* statt *„Du störst gerade“*.
- Der Ausdruck *„Halt endlich deine Klappe“* ist beleidigend und lässt jegliche Wertschätzung vermissen.
- Auch bei der zweiten Intervention nach dem Widerstand von Mareike vergreift sich die Lehrerin im Ton, indem sie – ohne den Hintergrund des Streits genau zu kennen – die Auseinandersetzung der beiden Kontrahenten als *„Kindergarten-Zankereien“* abwertet.
- Und schließlich lautet die implizite Botschaft ihres aggressiven Tonfalls: *„Es geht gegen dich als Person. Daher greife ich dich an.“*

Wir möchten noch einmal betonen: Natürlich können derartige Reaktionen von Lehrerinnen und Lehrern passieren. Sie sind angesichts der manchmal enormen psychischen und physischen Belastung mehr als verständlich und nachvollziehbar. Aber aggressiv-verletzende Interventionen taugen nicht als ständiges pädagogisches Instrumentarium zur Bewältigung von schweren Regelverstößen:

- Das Entwertungspotenzial ist zu groß.
- Sie führen in vielen Fällen zu weiteren Eskalationen von Konflikten.
- Sie sind gewaltsame Mittel zur Durchsetzung von Regeln und können maßgeblich zur Erosion von Autorität beitragen (s. Kapitel 1).
- Sie dienen als Modell zur Konflikt-Austragung: *„Wenn Lehrerinnen und Lehrer ausflippen, dürfen wir das auch.“*
- Lehrer-Schüler-Beziehungen können Schaden nehmen.

Innen klein – außen groß

Da aggressiv-verletzende Interventionen im pädagogischen Alltag nicht gerade selten vorkommen, lohnt sich ein genauerer Blick auf die Ursachen. Der bloße Verweis auf die hohen Belastungen von Lehrerinnen und Lehrern greift häufig zu kurz: Stress allein führt nicht zwangsläufig zu aggressiv-explosiven Verhaltensweisen.

Wann fahren wir aus der Haut? Wann geraten wir außer uns? Wann explodieren wir? Wann schreien und brüllen wir? Wann verlieren wir die Fassung? Wann werden wir verletzend und ausfallend? Doch immer dann, wenn wir mit dem Rücken zur Wand stehen, wenn wir uns verletzt fühlen, wenn wir nicht mehr bei uns sind und die Kontrolle über uns verlieren, wenn wir uns klein fühlen und uns einer Situation oder Person nicht mehr gewachsen sehen. Innerer wie äußerer Stress erhöhen zwar die Tendenz, Handlungen anderer Menschen als gegen uns gerichtet zu sehen, aber wir explodieren, weil wir stressbedingt die Verhaltensweisen unserer Mitmenschen in einem extremen Maße als grenzverletzend, einengend und bedrückend empfinden – und uns hilflos fühlen. Wenn der Druck zu groß wird, verlieren wir unsere innere Fassung (!) und explodieren. Und da diese Explosionen in derartigen Situationen meistens unkontrolliert verlaufen, vollziehen wir Handlungen, die ihrerseits die Grenzen des Gegenübers verletzen und in einem hohen Maße entwertend sind. Das bedeutet:

> Äußere Explosion basiert auf einer inneren Implosion (= sich verletzt fühlen, außer sich sein, die Fassung verlieren, sich herabgesetzt fühlen usw.). Wer innerlich nicht bei sich ist, gerät schnell außer sich vor Wut.

Ähnliche Prozesse können wir wahrscheinlich auch bei der Lehrerin in dem Beispiel oben geltend machen: Angesichts der enormen Belastungen liegen ihre Nerven blank. Im bisherigen Verlauf der Englisch-Stunde hat es bereits zahlreiche kleinere und größere Störungen diverser Schülerinnen und Schüler gegeben. Und als dann Mareike ihren beleidigenden Zwischenruf in Richtung Bastian tätigt, platzt der Lehrerin der Kragen …

Die psychischen wie physischen Belastungen des Lehrberufs sind auf absehbare Zeit kaum veränderbar. Und solange diese Belastungen als alleinige Ursache für Explosionen herangezogen werden, dienen sie als Freibrief für entwertendes und verletzendes Lehrerverhalten. Erst wenn wir die oben aufgezeigten inneren Prozesse der persönlichen Betroffenheit als weiteres Erklärungsmuster für Explosionen heranziehen, gibt es Möglichkeiten der Veränderung.

Die Frage lautet demnach: Wie können wir uns – auch unter Stress – davor schützen, Grenzverletzungen und Beleidigungen persönlich zu nehmen? Wie also können wir verhindern, dass wir innerlich implodieren und äußerlich explodieren?

In eine Rolle schlüpfen

Natürlich maßen wir uns nicht an, auf diese grundlegende Frage für alle Lehrerinnen und Lehrer gleichermaßen geltende Antworten geben zu können. Vermutlich muss jede Lehrperson den eigenen Weg finden, wie sie sich in Stress-Situationen davor schützt, regelwidrige und grenzverletzende Verhaltensweisen von Schülerinnen und Schülern als gegen sich gerichtet zu empfinden und den empfundenen Angriff mit einem Gegenangriff zu parieren. Aber vielleicht kann Ihnen eine Technik aus dem Schauspiel helfen, innerlich im Gleichgewicht zu bleiben und äußerlich wertschätzend-konfrontativ auf einen mittleren oder gar schweren Regelverstoß zu reagieren: Schauspielerinnen und Schauspieler verwenden die Technik der Verwandlung. Sie lernen, wie auf Knopfdruck in eine Rolle zu schlüpfen und dadurch in Distanz zur eigenen Person zu treten. Und je häufiger sie diese Verwandlung geübt, trainiert und vollzogen haben, desto automatischer, schneller und selbstverständlicher können sie sie bei Bedarf vollziehen. Gute Schauspielerinnen und Schauspieler vollziehen ihre Rollenwechsel in Sekundenschnelle.

Die passendste Rolle, in die Lehrerinnen und Lehrer nach mittleren oder gar schweren Regelverstößen schlüpfen können, ist – wie schon deutlich wurde – die eines Schiedsrichters: Dieser agiert auf der Basis eines klaren und verbindlichen Regelwerks professionell, fair, berechenbar und souverän, muss innerhalb von Bruchteilen von Sekunden Tatsachen-Entscheidungen treffen, ist der Lenker eines Spiels, der Sachwalter der gültigen Spielregeln und der Chef im Ring. Vor allem aber, und dadurch bietet er sich als Rollenmodell an, nimmt er Fouls, Beleidigungen der Spieler untereinander und auch gegen ihn selbst gerichtete Pöbeleien niemals persönlich – und dennoch ahndet er sie.

Die Kunst der Verwandlung besteht für Sie als Lehrerin oder Lehrer demnach darin, im Falle eines mittleren oder gar schweren Regelverstoßes oder einer heftigen Grenzverletzung wie auf Knopfdruck von der unterrichtenden, empathischen und beziehungsorientierten Lehrperson in die Rolle eines distanzierten Schiedsrichters zu wechseln. Je bewusster Sie diesen Schritt vollziehen, desto besser wird Ihnen die Verwandlung gelingen. Manche Schauspielerinnen und Schauspieler verwenden Techniken, um sich die jeweils von ihnen geforderte Verwandlung von der eigenen Person in eine Rolle zu erleichtern. Für Lehrerinnen und Lehrer könnten diese Techniken etwa so aussehen:

- Formulieren Sie für sich einen **einfachen Kernsatz**, den Sie im Konfliktfall wie eine Art Mantra zu sich selbst sprechen. Dieser Satz sollte stets mit eigenen Worten formuliert werden. Sinngemäß könnte dieser Satz lauten: „Ich schlüpfe in die Rolle eines Schiedsrichters bzw. einer Schiedsrichterin." Diesen stets gleichen Satz sprechen Sie – lautlos – zu sich selbst, sobald Sie in die Konfrontation mit einer grenzverletzenden Person hineingehen.

- Sie können auch ein **inneres Bild** abrufen. Stellen Sie sich beispielsweise einen Schiedsrichter vor, der sich eine Pfeife in seinen Mund steckt. Und mit dieser imaginären Pfeife gehen Sie in die Konfrontation hinein.
- Oder aber Sie stecken sich – zumindest anfangs – tatsächlich eine **Trillerpfeife** in die Tasche, die Sie bei Verunsicherung kurz anfassen. Dieser kleine Trick wirkt bei manchen Lehrerinnen und Lehrern wahrhaft Wunder.
- Die vielleicht wirkungsvollste Technik ist, den eigenen **Körper als Ressource für die Annahme der Rolle** zu benutzen: Sprechen Sie Ihren inneren Satz zu sich selbst und richten Sie sich dabei leicht auf. Atmen Sie einmal tief in den Bauch ein und gehen Sie erst dann auf die grenzverletzende Person zu. Wenn Sie diese körperliche Verwandlung in der Praxis einige Male vollzogen haben, wird ihr Körper ein eigenes Gedächtnis aufbauen: Allein die Aufrichtung kann dann ausreichen, die Rolle des Schiedsrichters auch mental einzunehmen.

In unseren Seminaren trainieren wir diese unterschiedlichen Techniken, bevor die Teilnehmerinnen oder Teilnehmer in die schwierigen Rollenspiele mit grenzverletzenden Personen hineingehen müssen. In manchen Fällen reicht schon die zwei- oder dreifache Übung der Verwandlung, und die jeweiligen Lehrerinnen oder Lehrer treten wie Schiedsrichter in den schwierigen Konflikten auf.

All diese Überlegungen und Anregungen lassen sich, in der Terminologie des Theaters gesprochen, auf einen ganz einfachen Nenner bringen: Wer sich als Lehrerin oder Lehrer durch regelwidriges Verhalten oder durch Grenzverletzungen persönlich angegriffen fühlt, fällt aus der Rolle und geht in den inneren Tief-Status. Dieser innere Tief-Status wird allzu häufig kompensiert durch einen äußeren Hoch-Status – die Explosion folgt auf die innere Implosion. Rollenklarheit herzustellen bedeutet in diesem Fall, mentale oder körperliche Techniken anzuwenden, die dazu verhelfen, auch unter Stress in der Rolle bleiben zu können. Nur wer sich selbst kontrolliert und sich innerlich seiner Rolle bewusst ist, fällt auch äußerlich nicht aus der Rolle. Übung macht in diesem Falle die Meisterin oder den Meister. Partielles Scheitern ist kein Drama.

> Nur wer innerlich im Hoch-Status ist (= sich der eigenen Lehrerrolle als der eines Schiedsrichters bewusst sein), kann auch äußerlich sicher und wertschätzend auftreten und dem grenzverletzenden Verhalten sicher und wertschätzend Einhalt gebieten.

4.1.4 Angst vor der Person erzeugen

Der Körper als Waffe

Für das letzte Fallbeispiel der überlasteten Lehrerin mit der pubertierenden und störenden Mareike können wir annehmen, dass beide Protagonisten des Konflikts eine ähnliche körperliche Konstitution haben: Sie sind gleichen Geschlechts und etwa gleich groß und stark. Daher stellt sich die Frage, wie sich die Konflikt-Konstellation verändert, wenn wir von einem großen und starken männlichen Lehrer ausgehen, der eine kleine und zierliche 11-jährige Schülerin zusammenstaucht:

„Ey, Basti – du Idiot. Hast du das nicht kapiert? Du bist doch viel zu blöd! Verstehst du kein Englisch?“

Der große und kräftige Fachlehrer interveniert lautstark:

„So, jetzt pass mal gut auf. In meinem Unterricht wird niemand beleidigt. Hast du mich verstanden?“ (Lehrer tritt dicht an den Tisch der Schülerin heran, beugt sich zu ihr hinunter und brüllt sie aus kurzer Distanz lautstark und aggressiv an)

„Ja, aber das stimmt doch, der Basti …“ (Redeunterbrechung durch den Lehrer)

„Welchen Teil meines Satzes hast du nicht verstanden? Schluss jetzt! Kein Wort mehr!“ (erneute aggressive und lautstarke Intervention)

„Ja, ’tschuldigung.“ (kleinlauter Ton der Schülerin)

Die Intervention des wütenden und aggressiven Lehrers war frei von jeder verbalen Herabsetzung, Entwertung oder Beleidigung der Schülerin. Und darüber hinaus war er äußerst erfolgreich: Nach nur fünfzehn Sekunden war der Konflikt bereinigt und die Schülerin hat kleinlaut nachgegeben. Und dennoch: Diese Art der Konfrontation war keine Grenzsetzung, sondern eine Demütigung und Unterwerfung der Schülerin. Bei aller vermeintlichen Effizienz bezüglich der Durchsetzung einer Regel – die Wertschätzung blieb vollständig auf der Strecke.

Wenn wir das entwertende Potenzial der Intervention analysieren wollen, müssen wir den Fokus auf den körpersprachlichen Auftritt des Lehrers und nicht auf seine Worte richten:

- Der Lehrer hat durch das Herabbeugen des Oberkörpers die Distanz zu der Schülerin drastisch verringert: Während seiner brüllenden Intervention war sein Gesicht nur etwa 50 Zentimeter vom Gesicht der Schülerin entfernt. Mit dieser Wahl des Abstands ist er massiv in den Schutzraum der Schülerin eingedrungen – er hat körperliche Invasion betrieben.

- Die Stimme des Lehrers war laut-*stark* und aggressiv. Eine tiefe und laute Stimme wiederum ist der symbolische Verweis auf einen großen Resonanzkörper und greift damit auf ein physikalisches Grundgesetz zurück: Je größer und voluminöser ein Resonanzkörper, desto tiefer und lauter der erzeugte Ton. Somit hat der Lehrer seine Stimme als Drohgebärde eingesetzt und seiner Schülerin die folgenden impliziten Botschaften vermittelt: *„Meine Stimme ist laut und tief und verweist damit auf meinen großen Resonanzkörper. Ich bin dir also physisch haushoch überlegen.“*
- Und zusätzlich zu seiner Lautstärke bringt der Lehrer seine reale körperliche Überlegenheit als weitere Drohgebärde mit in den Konflikt ein: Die angsteinflößende Wirkung der lauten Stimme wird durch die weit überlegene Körperlichkeit des Lehrers noch einmal potenziert.

Um die einschüchternde Wirkung von Drohgebärden zu verstehen, ist es wichtig, deren Funktion in einem Konflikt zu durchleuchten. Die in Worte übersetzte Botschaft eines Einsatzes von Drohgebärden lautet: *„Wie du siehst, bin ich dir körperlich weit überlegen. Solltest du nicht unverzüglich klein beigeben, werde ich die jetzt noch symbolisch eingesetzte körperliche Überlegenheit auch real (= physisch verletzend) einsetzen.“*

Der aggressive Lehrer in unserem Beispiel hat demnach der körperlich unterlegenen Schülerin für den Fall des fortgesetzten Widerstands einen realen Übergriff angedroht.

> Der Einsatz von Drohgebärden dient stets dem Ziel, dem jeweiligen Kontrahenten Angst vor einem realen körperlichen Übergriff einzujagen.

Androhung eines Übergriffs

Wir wollen dem Lehrer nicht unterstellen, dass er seinen Körper bewusst als Drohgebärde einsetzt, um bei der Schülerin eine Angst vor einem Übergriff zu erzeugen. Vielleicht ist er – ähnlich wie die Lehrerin in dem vorangegangenen Fallbeispiel – einfach nur sauer und genervt, fühlt sich persönlich getroffen und lässt seiner Wut freien Lauf, indem er explodiert. Doch wie dem auch sei – wir lehnen diese Art von Intervention aus zwei Gründen grundsätzlich ab:

1. Es kann und darf nicht Ziel einer Lehrerintervention sein, bei Schülerinnen und Schülern **Angst vor der Person** oder gar einem physischen Übergriff zu erzeugen. Diese Art von Intervention mag zwar effizient und durchsetzungsstark sein, sie lässt aber grundlegende Formen von

Wertschätzung vermissen. Der Einsatz des Körpers als Drohgebärde in einem Konflikt ist ein **gewalttätiges Mittel**, dessen Gebrauch die positive Autorität einer Lehrperson untergräbt.

2. Der Einsatz von physischer Überlegenheit mittels Drohgebärden ist **nicht demokratisierbar** in dem Sinne, dass er von Männern und Frauen, großen und kleinen Personen und physisch starken oder schwachen Lehrkräften gleichermaßen angewendet werden kann. Da das Erzeugen von Angst vor einem Übergriff an physische Überlegenheit gebunden ist, handelt es sich um eine Konfliktstrategie, die nur in wenigen Konflikt-Konstellationen (= große und starke Lehrer treffen auf kleine und schwache Schülerinnen oder Schüler) funktioniert.

Natürlich kann der körperlich überlegene Lehrer seine Physis nicht verstecken oder verleugnen. Aber es ist für die physisch unterlegene Schülerin ein großer Unterschied, ob der Lehrer mit seinem Körper ein Stopp markiert oder ob er ihn als eine Art von Drohgebärde und grenzüberschreitend in den Konflikt einbringt. Ein wertschätzendes Stopp ist, wie wir unten zeigen werden, grenzziehend – aber niemals invasiv. Und eine konfrontativ-wertschätzende Grenzziehung kann, unabhängig von der Physis der jeweils grenzziehenden Person, von Männern und Frauen, großen und kleinen, starken und schwachen Lehrerinnen oder Lehrern gleichermaßen verkörpert werden.

Selbstverständlich wollen wir nicht leugnen, dass jede Art von Konfrontation, also auch die wertschätzende Grenzziehung, mit dem Faktor Angst arbeitet. Denn so, wie sich beim Fußball die Wirksamkeit einer gelben Karte aus der Angst des Spielers vor der darauf folgenden roten Karte speist, so soll auch durch die Konfrontation bei den grenzverletzenden Schülerinnen und Schülern Angst erzeugt werden. Aber: Es ist niemals die Angst vor der Person der Lehrerin oder des Lehrers oder gar vor deren überlegener Physis, die zu regelkonformem Verhalten verleiten soll, sondern die Angst vor der Konsequenz, die bei Nicht-Akzeptanz der Grenzsetzung eintritt. Und eine Konsequenz ist in keiner Weise an die Physis einer Lehrperson gebunden.

> Der aggressive Einsatz einer physischen Überlegenheit bezweckt, dass die körperlich unterlegene Person Angst vor der Person und ihrem körperlichen Übergriff bekommt. Es handelt sich um ein gewalttätiges Mittel der Einschüchterung.

4.1.5 Gelbe Karte vergessen

Raus in die Pause

Das folgende Beispiel, anhand dessen wir den fünften Stolperstein auf dem Weg zu einer gelungenen Konfrontation vorstellen möchten, mag auf den ersten Blick vielleicht außergewöhnlich erscheinen. Und dennoch gehört der folgende Konflikt nicht nur an „Brennpunktschulen" zum Alltag vieler Lehrerinnen und Lehrer, sondern kommt auch an Gymnasien immer häufiger vor:

PRAXIS

Ein Schüler vergreift sich gegenüber einer Lehrerin massiv im Ton. Ausgangspunkt dieser schweren Grenzverletzung ist zunächst ein ganz alltäglicher und leichter Regelverstoß, der darin besteht, dass sich drei etwa 14-jährige Schüler während der großen Pause im Schulgebäude aufhalten und an einem Tisch Karten spielen. Die Regel jedoch besagt: Bei gutem Wetter haben die Schülerinnen und Schüler während der großen Pause das Schulgebäude zu verlassen. Die aufsichtführende Lehrerin sieht die drei Schüler und spricht sie freundlich-deeskalativ auf den leichten Regel-Verstoß an:

„Hallo ihr Drei: Nehmt bitte eure Karten und spielt draußen weiter. Die Sonne scheint und dort habt ihr frische Luft."

Nach dieser Ansprache der Lehrerin beginnen die drei Schüler, murrend und provokativ langsam ihre Karten zusammenzupacken. Folglich ermahnt sie die Lehrerin noch einmal freundlich-deeskalativ zur Eile:

„Leute kommt, bitte ein bisschen schneller. Gleich ist die Pause um, und ihr packt immer noch zusammen …"

Langsam steht einer der drei Schüler auf, baut sich provokativ cool vor der Lehrerin auf und faucht sie an:

„Du hast uns gar nichts zu sagen. Du bist nicht unsere Lehrerin. Wir dürfen Karten spielen, wo wir wollen."

„Aber nicht bei gutem Wetter. Also kommt: Geht bitte raus auf den Schulhof." (freundliche Ansprache)

„Wir gehen aber nicht raus. Und du kannst uns gar nichts befehlen. Geh du doch raus. Wir bleiben hier."

„Keine Diskussionen bitte. Ihr könnt doch auch draußen weiter Karten spielen." (freundliche Ansprache)

„Pfff. Du kennst uns doch gar nicht."

„Das spielt überhaupt keine Rolle. Ihr geht jetzt bitte raus." (freundliche Ansprache)

„Nö – machen wir überhaupt nicht, du blöde Kuh."

„Dann gehen wir jetzt zum Direktor." (freundliche Ansprache)

„Kannste alleine gehen. Wir kommen nicht mit."

Die Lehrerin hat sich in dem Beispiel konsequent-deeskalativ verhalten: Freundlich-bestimmt hat sie gegenüber dem provokativ-frechen und beleidigenden Schüler darauf bestanden, dass er mit seinen Freunden das Schulgebäude zu verlassen hat.

Strategische Provokationen

Der Unterschied des Schülerverhaltens gegenüber allen Beispielen, die wir zwecks Vorstellung der wichtigsten Deeskalations-Prinzipien herangezogen haben, besteht aber darin, dass der Widerstand gegen die Lehrerin nicht etwa spielerisch-argumentativ, sondern provokativ ist – der Schüler scheint es auf eine Eskalation des Konflikts angelegt zu haben. Und seine Provokationen vollzieht er nicht etwa aus irgendwelchen Affekten heraus, sondern er handelt durchaus strategisch-überlegt: Er steht nicht neben sich, sondern er weiß, was er tut. Diese Art von strategischen Provokationen unterscheiden wir von affektiven Provokationen (s. u.), die aus dem Affekt heraus geschehen.

Und mit seinen strategischen Provokationen verlässt der Schüler die Ebene des leichten Regelverstoßes, der durch seinen Aufenthalt im Schulgebäude zunächst gegeben ist: Bereits das provokative Duzen der Lehrerin stellt einen mittelschweren Regelverstoß dar, und spätestens mit seiner Beleidigung („*du blöde Kuh*") begeht er eine schwere Grenzverletzung.

Stellen Sie sich analog zu diesem schulischen Beispiel einmal vor, dass ein Fußballspieler ein leichtes Foul begeht und vom Schiedsrichter zunächst deeskalativ ermahnt wird. Nach der Ermahnung jedoch beginnt der Spieler, den Schiri zu duzen und ihn anschließend sogar zu beleidigen. Und trotz dieser gelb- oder sogar rotwürdigen Vergehen überhört der Schiedsrichter die Beleidigungen und ermahnt den Spieler weiterhin ausschließlich wegen seines leichten Fouls. Dieser Schiedsrichter hätte seine Autorität verspielt.

Ähnlich hat sich auch die Lehrerin in dem schulischen Beispiel verhalten: Sie hat sich ausschließlich dem leichten Regelverstoß gewidmet, die mittleren bzw. schweren Grenzverletzungen ignoriert und sie dadurch insgeheim auch toleriert. Die implizite Botschaft der Lehrerin an den strategisch-provozierenden Schüler lautet bei fortgesetzter Deeskalation also: „*Ich habe keine gelben oder gar roten Karten dabei und damit keine adäquaten Mittel zur Hand, um deine schwerwiegenden Vergehen zu stoppen. Du hast freie Bahn.*" Folgerichtig gibt es für den provozierenden Schüler keinerlei Veranlassung, sein Verhalten zu ändern.

> Überlagert ein mittlerer oder gar ein schwerer einen leichten Regelverstoß, widmen sich Lehrerinnen und Lehrer immer dem jeweils schwersten Vergehen. Sie wechseln von der Deeskalation in die Konfrontation.

4.2 Grundprinzipien der wertschätzenden Konfrontation

Pausenhalle

Nachdem wir in den letzten Abschnitten die fünf größten Fallstricke vorgestellt haben, über die Sie auf Ihrem Weg hin zu einer wertschätzenden Konfrontation stolpern können, möchten wir in diesem Kapitel die wichtigsten Prinzipien eines sicheren und souveränen Auftritts nach schweren Regelverstößen und massiven Grenzverletzungen aufzeigen. Dazu werden wir erneut das Beispiel der drei Schüler heranziehen, die sich entgegen der Schulregel während der Pause im Schulgebäude aufhalten. Das Szenario verläuft zunächst genauso, wie schon im letzten Abschnitt skizziert: Die Lehrerin spricht die drei kartenspielenden Schüler freundlich-deeskalativ auf ihren leichten Regelverstoß an. Diese reagieren aber betont langsam und werden von der Lehrerin daher erneut deeskalativ-freundlich angesprochen:

„Leute kommt, bitte ein bisschen schneller. Gleich ist die Pause um, und ihr packt immer noch zusammen …“

„Du hast uns gar nichts zu sagen. Du bist nicht unsere Lehrerin. Wir dürfen Karten spielen, wo wir wollen.“

„Stopp! Nicht in dem Ton! Kein Duzen, ist das klar!“ (energisch-bestimmte Ansprache)

„Ich kenn' dich doch gar nicht. Wer bist du überhaupt?“

„Punkt 1: Ich bin hier Lehrerin. Punkt 2: Du hast mich zu siezen. Haben wir uns verstanden!“ (energisch-bestimmte Ansprache)

„Wieso machen Sie mich hier so blöd an.“

„Stopp. Anderer Ton!“ (energisch-bestimmte Ansprache)

„Ja, ist ja gut. Sie sind aber schlecht gelaunt.“

„Schluss der Debatte.“ (energisch-bestimmte Ansprache)

„Ja, ist ja gut.“

„Okay – und jetzt geht ihr schnell auf den Pausenhof.“

Im Gegensatz zum letzten Durchgang hat die Lehrerin schon nach den ersten respektlosen Bemerkungen des Schülers die Ebene des leichten Regelverstoßes – nämlich den Aufenthalt im Schulgebäude – verlassen, indem sie sein provokatives Duzen thematisiert: Sie hat ihn mit seinem mittleren Regelverstoß konfrontiert und die Grenzverletzung erfolgreich gestoppt.

Schauen wir uns daher genauer an, welche Konfrontations-Techniken die Lehrerin angewandt hat:

- Sie hat ihren Status blitzartig hochgefahren, indem sie von der freundlich-deeskalativen in die energisch-bestimmte Ansprache gewechselt ist. Ihre Stimme war nicht mehr freundlich, sondern ab dem *„Stopp! Nicht in dem Ton!"* fest und entschlossen: **energische Bestimmtheit**.
- Die Lehrerin hat den provozierenden Schüler auch nicht mehr seitlich angesprochen, sondern sich ab diesen Worten **konfrontativ** vor ihn hingestellt: Ihr Oberkörper zeigte genau in Richtung des provozierenden Schülers.
- Und während der folgenden Ansprachen hat sie ihn mit einem **festen Blick** fixiert.
- Mit ihrer Gestik hat sie die Grenzziehung unterstützt, indem sie mit ihren zum Schüler hin zeigenden Handinnenflächen etwa in Höhe ihrer Brust eine **Wand** angedeutet hat.
- Die Lehrerin verwendete während der gesamten Konfrontation **kurze und prägnante Sätze**, die sie teilweise sogar ohne Verben formuliert hat.

Wir werden in den folgenden Abschnitten diese einzelnen Parameter einer erfolgreichen und zugleich wertschätzenden Konfrontation detaillierter vorstellen.

4.2.1 Kurz und knapp

Kaputte Schallplatte

In der Konfrontation ist es wichtig, nicht allzu viele Worte zu machen. Je kürzer die Sätze gehalten werden, desto klarer, prägnanter und entschlossener wirkt der Auftritt. Denkbar ist bei der Konfrontation auch die Verwendung knapper Sätze etwa in Form der kaputten Schallplatte:

„Du hast uns gar nichts zu sagen. Du bist nicht unsere Lehrerin. Wir dürfen Karten spielen, wo wir wollen."

„Stopp! Kein Duzen. Für dich immer noch Sie."

„Ich kenne dich doch gar nicht. Wer bist du überhaupt?"

„Nicht in dem Ton!"

„Ja, ist ja gut. Sie müssen doch nicht direkt ausflippen."

„Nicht in dem Ton!"

„Was habe ich denn gesagt?"

„Stopp!"

„Ja, ist ja gut."

Nach einer anfänglichen knappen Erläuterung („*Kein Duzen …*") beschränkt sich die Lehrerin im Verlauf der weiteren Konfrontation auf die Wiederholung von zwei fragmentarischen Aussagen: „*Nicht in dem Ton!*"und „*Stopp!*"

Für die Deeskalation haben wir die wörtliche Anwendung der Technik der kaputten Schallplatte in Zweifel gezogen, weil sie eine Art von Beziehungsabbruch darstellt und damit einem wesentlichen Prinzip der Deeskalation widerspricht: dem Aufbau von Beziehung und Nähe. In der Konfrontation dagegen halten wir die wörtliche Anwendung der Technik der kaputten Schallplatte durchaus für zielführend. Denn der Schüler muss spüren, dass seine invasiven Handlungen an der Lehrerin abprallen und sie nicht treffen. Durch das Abspielen der kaputten Schallplatte verdeutlicht sie dem provokativen Schüler, dass sämtliche Angriffe ins Leere laufen. Und gleichzeitig vermittelt sie ihm mit der nahezu wörtlichen Wiederholung ihrer zentralen Botschaft, dass sie weder gewillt ist, den Konflikt dialogisch zu führen noch auf die Äußerungen des Schülers einzugehen.

> Das wesentliche Merkmal der Konfrontation besteht darin, grenzverletzendes Verhalten zunächst einmal zu stoppen – und damit zu begrenzen.

Kopf-Kino

Ziel einer jeden Konfrontation ist die Verhaltensänderung der regelverletzenden Personen. Und solange die jeweiligen Schülerinnen und Schüler Widerstand gegen die Lehreraufforderung leisten, liegt ihre zu vollziehende Handlung in der Zukunft. Für die sprachliche Gestaltung der Konfrontation bedeutet das: Die erwarteten Handlungen der Widerstand leistenden Schülerinnen und Schüler werden sprachlich antizipiert, indem Präsenssätze in Form von Du-Botschaften gebildet werden:

Statt: „*Ich erwarte von dir, dass du dich gleich bei Sascha entschuldigst.*"
Besser: „*Du entschuldigst dich bei Sascha.*"
Statt: „*Ich möchte nicht, dass du in die Klasse rufst.*"
Besser: „*Du meldest dich, und dann nehme ich dich dran.*"
Statt: „*Ich erwarte, dass du dich an den Einzeltisch setzt.*"
Besser: „*Du stehst auf, gehst rüber und setzt dich an den Einzeltisch.*"

Durch diese Du-Botschaften in der Präsensform werden im Kopf der jeweiligen Schülerinnen und Schüler Bilder geschaffen, die die in der Zukunft liegende Handlung gedanklich bereits antizipieren – es handelt sich um eine verkürzte Form von Kopfkino. Und durch die Form von Du-Botschaften wird die Person des Lehrers oder der Lehrerin vollkommen aus der erwarteten Aktion herausgenommen.

> Durch die Verwendung knapper Du-Botschaften liegt der Fokus vollständig auf der Handlung der regelverletzenden Personen – und nicht auf den Wünschen, Vorstellungen oder Erwartungen der Lehrkraft.

4.2.2 Konsequenzen androhen

Die rote Karte

Wir haben in den Kapiteln über Deeskalation festgestellt, dass die Verhaltensänderungen der regelverletzenden Schülerinnen und Schüler im Kern freiwillig vollzogen werden und diese dadurch implizit die positive Autorität der Lehrerin oder des Lehrers anerkennen. Mit dem Übergang von der Deeskalation in die Konfrontation aber ändert sich diese Grundkonstellation: Die Verhaltensänderungen geschehen nicht mehr auf freiwilliger Basis, sondern werden durch die Anwendung von Druck erzielt. Denn anders als leichte Regelverstöße stellen mittlere oder gar schwere Regelverstöße massive Grenzverletzungen dar: Die betreffenden Schülerinnen und Schüler nehmen sich zu viel Raum auf Kosten der Lehrerinnen und Lehrer (z. B. im Ton vergreifen, Beleidigungen, wiederholte Störungen des Unterrichts, mehrfache Verspätungen usw.), und/oder auf Kosten ihrer Mitschülerinnen und Mitschüler (z. B. körperliche Übergriffe, Beleidigungen, wiederholte Störungen des Unterrichts, mehrfache Verspätungen usw.). Bei diesen Grenzverletzungen handelt es sich um höchst invasive Akte, bei denen die Rechte anderer Menschen massiv verletzt werden. Das Wesen der Konfrontation besteht nun darin, diese Grenzverletzungen durch das Aufzeigen einer klaren Grenze einzudämmen. Und diese Eindämmung invasiver Kräfte geschieht auf der Basis des Aufbaus von Druck: *„Hier ist die Grenze! Halt dich daran, sonst treten unverzüglich unangenehme Konsequenzen in Kraft“*, so lautet sinngemäß die Kernbotschaft eines konfrontativen Auftritts.

> Die Kraft der Konfrontation speist sich aus der ausgesprochenen oder auch unausgesprochenen Androhung einer Konsequenz für den Fall der Nichtbeachtung der angezeigten Grenze: Die grenzverletzenden Schülerinnen und Schüler sollen durch Angst vor der Konsequenz zu einer Verhaltensänderung bewegt werden.

Konfrontation macht Angst

Die Feststellung, dass die Konfrontation nur auf der Basis von Angst funktioniert, hat natürlich weitreichende Folgen, die wir im Folgenden auch näher erörtern werden. Zunächst einmal betrachten wir unter diesem Aspekt noch einmal das oben dargestellte Beispiel einer erfolgreich verlaufenen Konfrontation:

„Du hast uns gar nichts zu sagen. Wir dürfen Karten spielen, wo wir wollen.“

„Stopp! Kein Duzen, ist das klar!“

„Ich kenne dich doch gar nicht. Wer bist du überhaupt?“

„Stopp! Falscher Ton!“

„Ja, ist ja gut. Sie müssen doch nicht direkt ausflippen.“

„Stopp!“

„Ja, ist ja gut.“

Wir müssen, um die disziplinierende Wirkung der Konfrontation in dem Beispiel zu verstehen, zwischen expliziten und impliziten Botschaften differenzieren: Tatsächlich hat die Lehrerin verbal mit keinem einzigen Wort eine Konsequenz angedroht. Und doch hat sie dem provokativen Schüler durch ihren konfrontativen Auftritt unmissverständlich klargemacht, dass jedes weitere respektlose Verhalten zwangsläufig zur Folge hat, dass sie weitere Maßnahmen in Form von Konsequenzen ergreifen wird. Die Lehrerin hat ihre Entschlossenheit nicht verbalisiert, sondern ausgestrahlt. Und mithilfe ihres klaren und energisch-bestimmten Auftretens hat sie implizit die folgenden heimlichen Botschaften gesendet: *„Ich habe deinem grenzverletzenden Verhalten durchaus etwas entgegenzusetzen. Und an meinem entschlossenen Auftritt kannst du erkennen, dass ich – solltest du dich nicht an diese Grenze halten – mit der gleichen Entschlossenheit weitere Maßnahmen in Form von Konsequenzen ergreifen werde.“*

> Die Konfrontation funktioniert nur dann, wenn bei der regelverletzenden Person eine Angst vor der Konsequenz entsteht.

Ausstrahlen oder aussprechen

Die Überschrift „Ausstrahlen oder aussprechen“ suggeriert einen Widerspruch: Entweder eine Konsequenz wird während einer Konfrontation ausgestrahlt, oder aber sie wird ausgesprochen. Natürlich lässt sich die nonverbale mit der verbalen Botschaft ganz einfach verbinden:

„Du hast uns gar nichts zu sagen. Wir dürfen Karten spielen, wo wir wollen."

„Stopp! Kein Duzen, ist das klar!"

„Ich kenn' dich doch gar nicht. Wer bist du überhaupt?"

„Wenn du mich weiter duzt, kommt eine Menge Ärger auf dich zu."

„Ja, ist ja gut. Sie müssen doch nicht direkt ausflippen."

„Stopp! Falscher Ton!"

„Jahaa."

In diesem Beispiel ist die Grenze durch die Androhung einer Konsequenz sowohl verkörpert als auch verbalisiert worden. Und trotzdem behaupten wir, dass die grenzziehende Wirkung einer Konfrontation weniger durch die Formulierung von verbalen Botschaften als durch einen unmissverständlichen körpersprachlichen Auftritt erzielt wird. Wir gehen sogar noch einen Schritt weiter: Die Verwendung von allzu vielen Worten kann auf Kosten eines klaren Auftritts gehen, den Status der grenzziehenden Person senken und zu einer Aufweichung von Grenzen führen:

„Du hast uns gar nichts zu sagen. Wir dürfen Karten spielen, wo wir wollen."

„Wir haben hier an unserer Schule die Regel, dass wir uns wechselseitig mit Respekt behandeln. Und mit deinem Duzen verstößt du gegen diese Regel. Ich behandle dich auch mit Respekt und erwarte das Gleiche von dir. Ich bin deine Lehrerin, also hast du mich zu siezen. Ist das klar. Und solltest du dich nicht daran halten, dann werde ich weitere Schritte in Form von Konsequenzen ergreifen."

Durch die Wortkaskaden wird die Grenze verwässert. Selbst Schauspielerinnen oder Schauspielern gelingt es nicht, diese grenzziehenden Sätze so zu sprechen, dass damit auch nur ein annähernd gleich hoher Status verkörpert werden kann, wie durch knappe und kurze Sätze:

„Kein Duzen. Ist das klar!"

Hinzu kommt, dass in dem Stress einer Konfrontation häufig konkrete Konsequenzen angedroht werden, von denen die Lehrerin oder der Lehrer nicht einmal wissen können, ob sie erstens umsetzbar sind und ob sie zweitens den jeweiligen Schülerinnen und Schülern auch tatsächlich Kosten verursachen und daher auch eine abschreckende (= angsteinflößende) Wirkung haben:

„Du hast uns gar nichts zu sagen. Wir dürfen Karten spielen, wo wir wollen."

„Stopp! Kein Duzen, ist das klar!"

„Ich kenne dich doch gar nicht. Wer bist du überhaupt?"

„Wenn du mich weiter duzt, dann gehen wir zu deiner Klassenlehrerin."

„Können wir gerne machen, die dürfen wir doch auch duzen."

Und auch die Androhung von offenen Konsequenzen für den Fall der Nicht-Beachtung der Grenzziehung birgt mitunter die Gefahr, dass der Konflikt auf einen Nebenschauplatz verlagert wird, und dadurch die Grenze aufweicht:

„Du hast uns gar nichts zu sagen. Wir dürfen Karten spielen, wo wir wollen."

„Stopp! Kein Duzen, ist das klar!"

„Ich kenne dich doch gar nicht. Du hast mir überhaupt nichts zu sagen."

„Schluss mit dem Duzen, sonst gibt es Ärger."

„Und welchen? Du kennst mich doch gar nicht."

„Deinen Namen kriege ich schon raus. Verlass dich drauf."

„Wie denn?"

„Wir haben im Sekretariat alle Fotos von euch. Da werde ich dich schon finden."

„Von mir aber nicht. Ich war krank, als die Fotos gemacht wurden."

Um diese Falle des Nebenschauplatzes zu vermeiden, ist es ratsam, entweder die Androhung von Konsequenzen lediglich auszustrahlen oder bei drohenden Diskussionen zur Grenzziehung zurückzukehren:

„Stopp. Kein Duzen, ansonsten gibt's eine Menge Ärger. Klar!"

„Und welchen? Du kennst mich doch gar nicht."

„Das wirst du sehen. Und jetzt ist Schluss!"

„Was wollen Sie denn machen?"

„Kein Duzen, und die Sache ist erledigt."

„Ja, ist ja gut. Aber Sie haben mich direkt angemacht."

„Okay – Thema erledigt. Und jetzt geht bitte raus in die Pause."

> Grenzen müssen eher verkörpert als verbalisiert werden. Allzu viele Worte können Grenzen verwässern.

4.2.3 Wertschätzende Stopps

Explosion vermeiden

Die Funktion der Konfrontation ist es, massiv invasives Verhalten zunächst einmal zu stoppen. Die gegebenenfalls notwendige Klärung der Situation kann später erfolgen. Dabei ist es, wie wir oben bereits gezeigt haben, wichtig, dass die Konfrontation frei ist von aggressiven oder gar explosionsartigen Übergriffen:

- Aggressiv-explosive Intervention: *„So, jetzt habe ich aber genug von dir. Dein ständiges Gequatsche stört meinen Unterricht. Bei der nächsten Kleinigkeit sitzt dein Hintern am Einzeltisch. Ist das klar!“* (brüllender und aggressiver Ton)
- Wertschätzende Konfrontation: *„Tobias: Schluss. Das war die vierte Störung. Jetzt ist Ruhe. Bei der nächsten Störung setzt du dich an den Einzeltisch!* (klare, nicht-aggressive Ansage)

Der Lehrer setzt bei der Konfrontation dem Schüler eine klare Grenze, ohne sich persönlich angegriffen zu zeigen und ohne ihn seinerseits verbal oder nonverbal persönlich zu verletzen.

> Die Konfrontation unterscheidet sich von einer aggressiv-explosiven Intervention dadurch, dass sie frei ist von Angriffen auf die Person der Schülerinnen und Schüler, die den jeweiligen Regelverstoß begehen.

Rückkehr zur Deeskalation

Ein weiteres Element der Wertschätzung innerhalb der Konfrontation ist die Wiederaufnahme der Beziehungsebene nach einer erfolgreichen Grenzziehung:

„Tobias: Schluss. Das war die vierte Störung. Jetzt ist Ruhe. Bei der nächsten Störung gehst du an den Einzeltisch.“ (klare, nicht-aggressive Ansage)

„Aber wieso immer ich? Die anderen …“ (Unterbrechung durch den Lehrer)

„Tobias, keine Diskussion. Du nimmst dein Heft und arbeitest still an deinen Aufgaben.“ (klare, nicht aggressive Ansage)

„Ja, ist ja gut.“

„Okay, und jetzt zeige mir bitte, wie weit du schon bist. Brauchst du Hilfe?“ (Status-Senkung des Lehrers und freundlicher Ton)

Während der Konfrontation ist der Lehrer in einer eher distanzierten Position geblieben. Doch unmittelbar nach der Akzeptanz der Grenze durch den Schüler (*„Ja, ist ja gut.“*) hat er seinen Status wieder abgesenkt und ist in die Deeskalation zurückgekehrt (*„Okay, und jetzt zeige mir …“*). Dadurch hat er unverzüglich die Beziehungsebene wiederhergestellt und die folgende implizite Botschaft an den Schüler gesendet: *„Die distanzierte Konfrontation ist durch deine Akzeptanz der Grenze beendet. An meiner anschließenden Freundlichkeit kannst du erkennen, dass meine Intervention nicht gegen* *dich als Person, sondern ausschließlich gegen dein Verhalten gerichtet war. Die Beziehung ist aus meiner Sicht unbeschadet."*

Abschließend möchten wir diese beiden Prinzipien der wertschätzenden Konfrontation, nämlich die aggressionsfreie Grenzziehung und die Rückkehr in die Deeskalation, an einem weiteren Beispiel demonstrieren:

PRAXIS

„Tim, Marvin und Jusuf: keine Schneebälle! Ihr legt die Bälle auf den Boden."

„Aber da hinten werfen sie auch!"

„Keine Diskussion. Ihr lasst sie fallen." (energisch-bestimmter Ton = Konfrontation)

„Ja, machen wir ja schon. Trotzdem ist das ungerecht." (Schüler lassen die Schneebälle fallen)

„Okay – alles klar. Da hinten gehe ich auch gleich hin. Und ihr wisst, dass gestern erst ein Kind zum Augenarzt musste. Hier liegt zu viel Split herum. Seid bitte vernünftig." (freundlich-bestimmter Ton und nach der Beendigung des Konflikts eine kurze Sinnstiftung = Deeskalation)

Nach erfolgreicher Grenzziehung, die durch das *„Ja, ist ja gut"* des Schülers bestätigt wird, senkt die Lehrkraft ihren Führungsstatus sofort wieder ab, kehrt in die Deeskalation zurück und nimmt die Beziehung wieder auf.

Ich Tarzan – du Jane

In unseren Lehrer-Seminaren hören wir (vor der Trainingseinheit zur Konfrontation!) insbesondere von kleineren und zierlicheren Lehrerinnen immer wieder den Einwand, dass die Konfrontation von größeren und kräftigeren Lehrern aufgrund ihrer körperlichen Voraussetzungen leichter zu bewerkstelligen sei: „Wenn ein großer Mann mit einer lauten Stimme Schülerinnen und besonders Schüler konfrontiert, werden die viel schneller eingeschüchtert als bei uns kleinen und zierlichen Lehrerinnen. Männer sind bei der Konfrontation klar im Vorteil."

Wir teilen diesen Einwand nicht. Denn damit wird ein Auftritt assoziiert, bei dem tatsächlich große Männer einen Vorteil haben: das aggressiv-explosive Zusammenstauchen von Schülerinnen und Schülern. Bei dieser Art von Konfrontation (s. auch Kapitel 4.1.4), bei der es darum geht, den Körper als Waffe einzusetzen und dadurch bei dem körperlich unterlegenen Kontrahenten Angst vor einem körperlichen Übergriff auszulösen, stellt körperliche Überlegenheit tatsächlich einen enormen strategischen Vorteil dar. Aber, so haben wir oben gezeigt: Die aggressive oder gar explosionsartige Intervention nach übergriffigem Schülerverhalten ist keine Grenzziehung, sondern ein Übergriff und somit gewaltsam.

Unserer Erfahrung nach ist eine professionelle Konfrontation nicht davon abhängig, welches Geschlecht, welche Körpergröße und -breite die jeweilige grenzsetzende Person hat oder wie laut ihre Stimme ist. Ausschlaggebend für die Wirksamkeit einer wertschätzenden Konfrontation ist vielmehr die klare innere Haltung der betreffenden Lehrperson. Und diese These wird in unseren Praxis-Seminaren immer wieder bestätigt: Denn es sind in den Rollenspielen, die wir zu diesem Themenkomplex durchführen, häufig gerade die kleinen und zierlichen Frauen, die sich im Laufe ihrer Dienstjahre eine klare innere Haltung zugelegt haben und die auf dieser Basis glasklare Konfrontationen durchführen können.

Die Gründe dafür, warum eine wertschätzende Konfrontation nicht an Physis und Geschlecht gebunden ist, ergeben sich aus der Entschlüsselung der beiden zentralen impliziten Botschaften, die durch eine nicht-invasive Grenzziehung vermittelt werden:

1. „Stopp! Du gehst entschieden zu weit. Ich setze dir mit meinem Auftreten eine klare Grenze."
2. „Solltest du dich an diese Grenze nicht halten und dein Verhalten nicht ändern, werde ich unverzüglich Konsequenzen einleiten. Meine Entschlossenheit dazu kannst du aus meinem hohen Status und dem daraus resultierenden klaren Auftreten ableiten."

Besonders die zweite Botschaft ist relevant: Denn wie wir oben bereits ausführlicher dargestellt haben, geht es bei der Konfrontation um die Erzeugung von Angst. Die grenzverletzenden Personen sollen Angst vor den eintretenden Konsequenzen – und nicht vor einem physischen Übergriff – bekommen. Und da die implizit oder explizit angedrohten Konsequenzen nicht physischer Natur sind, ist auch deren Androhung nicht notwendig an eine physische Überlegenheit der Lehrperson gegenüber den am Konflikt beteiligten Schülerinnen und Schülern gebunden. Uns ist auch noch nicht zu Ohren gekommen, dass große Schiedsrichter bei der Verhängung von gelben oder roten Karten effizienter sein sollen, als kleine Berufskollegen.

Wir legen uns also fest und behaupten:

> Die Wirksamkeit einer klaren Konfrontation basiert auf einer klaren inneren Haltung und ist im schulischen Kontext von kleinen Lehrerinnen ebenso erfolgreich durchführbar wie von großen Lehrern.

Druck statt Einfluss

Deeskalation und Konfrontation, so haben wir dargelegt, unterscheiden sich grundlegend:

1. Deeskalation heißt, den Kontrahenten niemals in die Ecke zu drängen, sondern ihm stattdessen Raum zu lassen. Diese Haltung zeigt sich nicht zuletzt daran, dass die regelverletzende Person in der Deeskalation stets eher von der Seite (= angulare Position) angesprochen wird – leichte Regelverstöße werden bei-*läufig* behandelt. In der Konfrontation dagegen wird das massiv grenzverletzende Verhalten des Kontrahenten gestoppt, indem die invasiven Handlungen eine **Begrenzung** erfahren. Daher wird in der Konfrontation die grenzverletzende Person tatsächlich sprichwörtlich zur Brust genommen. Ihr Handlungsspielraum wird durch die **konfrontative Position** massiv eingeschränkt.
2. In der Deeskalation wird der Führungsstatus abgesenkt (freundlich-bestimmte Ansprache), in der Konfrontation wird der **Führungsstatus angehoben** (energisch-bestimmte Ansprache).
3. Die Deeskalation arbeitet immer mit den Mitteln der Beziehung und Nähe (*Freund*–lichkeit), die Konfrontation mit dem Mittel der **Distanz** (*Grenz*-Ziehung).
4. Das Ziel der Deeskalation besteht darin, nach leichten Regel-Verstößen durch gezielte Einflussnahme auf die betreffenden Schülerinnen und Schüler diese zur freiwilligen Verhaltensänderung zu bewegen. Die Konfrontation dagegen setzt nicht auf Freiwilligkeit, sondern durch die **Anwendung von Druck** auf eine letztlich „erzwungene" Verhaltensänderung.

Abschließend möchten wir die wichtigsten Techniken einer wertschätzenden Konfrontation noch einmal stichwortartig zusammenfassen:

- **Kurz und knapp:** Formulieren Sie kurze und knappe Aufforderungssätze (Du-Botschaften im Präsenz).
- **Konfrontative Position:** Stellen Sie sich konfrontativ vor der regelverletzenden Person auf und verwenden Sie während der Konfrontation den festen und fixierenden Blick.
- **Hoher Status:** Heben Sie Ihren Führungsstatus an. Treten Sie energisch-bestimmt auf. Unterbrechen Sie die grenzverletzende Person, sollte diese versuchen, sich herauszureden.
- **Grenzziehung:** Markieren Sie gestisch eine klare Grenze, aber vermeiden Sie körperlich invasive Handlungen: Halten Sie Abstand.
- **Klar und bestimmt:** Ihr Auftritt ist klar, energisch und bestimmt. Ihre Aufgabe besteht darin, eine Grenze zu markieren, aber nicht eine regel-

verletzende Person zusammenzustauchen – vermeiden Sie jede Form von Aggressivität.

- **Rückkehr zur Deeskalation:** Kehren Sie nach erfolgreicher Konfrontation in die Deeskalation zurück, indem Sie Ihren Status wieder absenken und die Beziehung zur regelverletzenden Person wiederaufnehmen.

4.2.4 Auf Gelb folgt Rot

Einzeltisch

Ähnlich wie schon bei der Deeskalation nach leichten Regelverstößen und Grenzverletzungen gilt auch bei der Konfrontation: Es gibt keine Garantie dafür, dass nach einem wertschätzenden Stopp die Schülerinnen und Schüler ihr Verhalten auch tatsächlich ändern. Lehrerinnen und Lehrer können durch eine klare und zugleich wertschätzende Konfrontation die Wahrscheinlichkeit erhöhen, dass die massiven Grenzverletzungen oder mittleren und schweren Regelverstöße beendet werden, aber letztlich müssen wir zur Kenntnis nehmen, dass wir unsere Mitmenschen – außer vielleicht durch die hier auszuschließende Androhung und Ausübung von Gewalt – niemals vollständig kontrollieren können. Wir können wieder einmal nur eine negative Aussage machen: Wird einer regelverletzenden Person ein „Stöppchen“ statt einem „Stopp“ entgegengebracht, so kommt das einer Einladung zu weiteren Regelverstößen gleich.

> Eine klare und wertschätzende Konfrontation ist eine notwendige, aber manchmal auch nicht hinreichende Bedingung dafür, dass die Grenzverletzungen beendet werden.

Welche Handlungs-Optionen bleiben einer Lehrerin oder einem Lehrer also nach erfolgloser Konfrontation? Dazu ein Beispiel:

PRAXIS

Ein 13-jähriger Schüler stört wiederholt den Unterricht. Die Lehrerin hat den Schüler als Reaktion auf seine ersten leichten Störungen mehrfach deeskalativ angesprochen. Seinen vierten Regelverstoß jedoch bewertet sie als mittelschwer und konfrontiert ihn daher mit seinem Vergehen:

„Sebastian, das ist jetzt deine vierte Störung in dieser Stunde. Jetzt ist Schluss. Bei der nächsten Störung: Einzeltisch.“ (energisch-bestimmtes Auftreten)

„Immer ich. Die anderen stören …“ (Unterbrechung durch die Lehrerin)

„Stopp, Sebastian. Keine Diskussion. Jetzt ist Ruhe.“ (energisch-bestimmtes Auftreten)

„Ja, ist ja gut."

„Okay, dann mach bitte deine Aufgaben." (freundlicher Ton)

Die Konfrontation scheint erfolgreich zu sein, denn der Schüler gibt der Lehrerin die Zusage, sich künftig regelkonform zu verhalten. Mehr hätte sie zu diesem Zeitpunkt nicht erreichen können.

Doch keine fünf Minuten später stört der Schüler erneut, indem er leise mit seiner Nachbarin tuschelt. Die Lehrerin steht nun vor der Aufgabe, die angekündigte rote Karte in Form des Einzeltisches auch in die Tat umzusetzen:

„So Sebastian, erneute Störung. Du nimmst deine Sachen und setzt dich an den Einzeltisch." (energisch-bestimmtes Auftreten)

„Aber ich habe die Chiara doch nur gefragt, ob sie das an der Tafel lesen kann. Stimmt doch Chiara, oder?"

„Das stimmt wirklich. Sebastian konnte das nicht lesen, und …"

„Keine Diskussion. Da hättest du mich fragen müssen. Du gehst an den Einzeltisch."

„Aber das ist ungerecht. Ich wollte Sie nicht stören, deshalb …"

„Sebastian, du gehst rüber."

„Nö, mach ich nicht."

„Du gehst."

„Da hinten will ich nicht sitzen. Ich bin ja jetzt ruhig."

„Du setzt dich rüber."

„Sehe ich überhaupt nicht ein."

„Da ist jetzt dein Platz."

„Nein, sehe ich gar nicht ein."

„Dorthin."

„Nö!"

Insgesamt hat der Konflikt um den Einzeltisch ca. vierzig Sekunden gedauert. Der Status der Lehrerin war hoch: Ihre Stimme war fest, sie hat den Schüler mit ihrem Blick fixiert, hat sich konfrontativ vor ihn gestellt und kurze und prägnante Sätze formuliert. Und gleichzeitig war ihr Auftritt frei von verbaler oder körpersprachlicher Abwertung des Schülers. Doch trotz klarer und nicht-invasiver Konfrontation weigert sich der Schüler, den Aufforderungen Folge zu leisten. Die Lehrerin hat alle ihr zur Verfügung stehenden Möglichkeiten, durch eine wertschätzende Konfrontation den Schüler Richtung Einzeltisch zu bewegen, ausgeschöpft – sie kann ihn weder zwingen noch tragen.

Konsequenz-Ebene

Im Fußball bleibt für den Fall, dass eine gelbe Karte einen Spieler nicht zu regelkonformem Verhalten bewegt, dem Schiedsrichter nur eine Wahl: Das Zeigen der roten Karte. Jede andere Option würde seine Autorität untergraben. Und auch im Klassenzimmer stellt sich der Konflikt ähnlich dar wie auf dem Fußballfeld: Nach erfolgloser Konfrontation müssen Konsequenzen folgen:

„(…)"

„Dorthin."

„Nö."

„Du ziehst das durch und weigerst dich?"

„Ja – sehen Sie doch."

„Gut, du trägst die Konsequenzen. Und zwar nicht nur für deine Störungen, sondern vor allem für deine durchgehende Weigerung, meinen Anweisungen zu folgen und an den Einzeltisch zu wechseln. Das ist ein sehr schwerer Regelverstoß. Alles Weitere klären wir später. Da kommt Ärger auf dich zu."

„Mir doch egal."

Im Moment gibt es für die Lehrerin keinen weiteren Handlungsbedarf: Der Schüler hat eine von zwei Möglichkeiten gewählt, die ihm von der Lehrerin vorgegeben wurden (Sitzenbleiben um den Preis von Konsequenzen). Damit hat die Lehrerin den Konflikt zu ihren Gunsten beendet. Es besteht keinerlei Notwendigkeit mehr, den Schüler an den Einzeltisch zu bewegen. Die Lehrerin hat sich durchgesetzt.

Doch dieser sofortige Übergang auf die Konsequenz-Ebene ist unserer Meinung nach nicht alternativlos. In vielen Fällen bietet sich noch die Gewährung eines kleinen Zeitfensters an. Aber dieses letzte Angebot des Einräumens eines Zeitfensters an den sich verweigernden Schüler darf nicht deeskalativ erfolgen, sondern kann nach einer Konfrontation nur konfrontativ durchgeführt werden:

„Du gehst." (energisch-bestimmter Ton = Konfrontation)

„Nö!"

„Sebastian, ich gebe dir fünf Minuten. Wenn du innerhalb dieser Zeit nicht drüben sitzt, gibt es eine Menge Ärger. Und zwar nicht für deine Störungen, sondern für deine Weigerung, den Platz zu wechseln." (energisch-bestimmter Ton)

„Welchen denn?"

„Das wirst du sehen: fünf Minuten." (energisch-bestimmter Ton)

Die Lehrerin hat dem Schüler mit dem Gewähren des Zeitfensters gleichzeitig die rote Karte gezeigt für den Fall, dass er nicht geht. Und natürlich stellt sich die Frage: Was ist, wenn er auch nach den fünf Minuten noch auf seinem Platz sitzen bleibt und sich weigert, an den Einzeltisch zu gehen?

„So Sebastian, die fünf Minuten sind um. Du ziehst das durch?" (energisch-bestimmter Ton)

„Ja, sehen Sie doch."

„Gut, du trägst die Konsequenzen. Alles Weitere klären wir später." (energisch-bestimmter Ton)

Damit hat der Schüler endgültig die rote Karte gesehen. Der Konflikt ist in der aktuellen Situation beendet. Die Lehrerin hat ihre Autorität gewahrt, auch ohne dass der Schüler an den Einzeltisch gegangen ist. Allerdings muss gewährleistet sein, dass die angedrohte Konsequenz auch tatsächlich eintritt und für den Schüler unangenehme Folgen hat.

Und sollte der Schüler auf seinem Platz weiter stören, wird die Lehrerin den Unterricht unterbrechen und den Schüler notfalls auch unter Zuhilfenahme der Schulleitung vom weiteren Unterricht ausschließen.

> Für den Fall des Scheiterns einer Konfrontation gibt es für die betreffende Lehrperson, will sie ihre Autorität wahren, nur eine Handlungs-Option – den sofortigen oder zeitlich versetzten konfrontativen Übergang auf die Konsequenz-Ebene.

Vorsicht mit der Konfrontation

Die Fähigkeit, nach mittleren und schweren Regelverstößen und Grenzverletzungen wertschätzend konfrontieren zu können, muss zum grundlegenden Handlungsrepertoire von Lehrerinnen und Lehrern gehören. Wer nicht in der Lage ist, auf wiederholt leichte, mittlere oder gar schwere Vergehen von Schülerinnen und Schülern adäquat zu reagieren, verspielt seine persönliche Autorität und leistet Unterrichtsstörungen und Regelverstößen auf dem Schulgelände Vorschub. Die gelbe Karte – also die Konfrontation – ist ein notwendiges und wichtiges Instrumentarium, um eine angemessene und passende Antwort auf mittlere oder sich abzeichnende schwere Regelverstöße zu geben.

Doch so sehr wir im Bedarfsfall von der Notwendigkeit einer wertschätzenden Konfrontation überzeugt sind – wir sind uns auch der Gefahr bewusst, die mit ihr verbunden sein kann:

- Der inflationäre Gebrauch der Konfrontation führt ebenso wie die permanente Verhängung von Konsequenzen zur **Erosion von Machtverhältnissen** und partiellem Autoritätsverlust. Die Konfrontation sollte daher ausschließlich nach wiederholten leichten, mittleren oder auch schweren Regelverstößen zur Anwendung kommen.

- Eine wertschätzende Konfrontation ist wegen der eigenen **emotionalen Betroffenheit** häufig schwer umzusetzen. Wer innerlich kocht vor Wut, sollte daher lieber einmal länger durchatmen, bevor er oder sie interveniert, statt den Emotionen (= Explosionen) unmittelbar freien Lauf zu lassen.
- Es gibt **keine Garantie** dafür, dass eine Konfrontation auch tatsächlich erfolgreich ist. Daraus folgt: Wer keine rote Karte (= wirksame Konsequenz) im Ärmel hat, sollte stattdessen lieber versuchen, den Konflikt deeskalativ zu bewältigen. Das verringert bei Nicht-Befolgen das Ausmaß des Autoritätsverlustes.
- Die Konfrontation verengt einen Konflikt **in beide Richtungen**. Denn nicht nur der grenzverletzenden Person werden die Grenzen ihres Handelns aufgezeigt, sondern auch für die jeweilige Lehrkraft wird es eng: Die Anwendung von deeskalativen Strategien zur Lösung des Konflikts wirkt nach erfolgloser Konfrontation nicht nur schwach und hilflos, sondern wird als Autoritätsverlust der Lehrperson wahrgenommen.
- Bei **emotional aufgeladenen** Schülerinnen und Schülern kann die Konfrontation trotz aller Wertschätzung zur weiteren Verschärfung der Konflikte beitragen (s. nächster Abschnitt).

Doch trotz aller Bedenken:

> Die wertschätzende Konfrontation ist in den meisten Fällen die angemessene Reaktion, um wiederholte leichte, mittlere oder sich abzeichnende schwere Regelverstöße zu begrenzen.

4.3 Ausnahmen bestätigen die Regel

Affektive Provokationen

Es gibt Situationen, in denen die Konfrontation aus pädagogischer Sicht zwar die angemessene Reaktion auf einen mittleren oder schweren Regelverstoß darstellt, sich aber dennoch als kontraproduktiv erweisen kann. Ein Fallbeispiel soll diese These erläutern:

PRAXIS

Ein 11-jähriger Schüler sitzt nach der großen Pause zu Stundenbeginn auf seinem Platz und trommelt mit seinen Fingern laut und aggressiv auf seinen Tisch. Die Kunst-Lehrerin spricht ihn nach einiger Zeit des Beobachtens leise und freundlich auf seine zunächst harmlose Störung an:

„Simon, höre bitte mit dem Trommeln auf. Das stört die anderen. Nimm doch bitte dein Bild und male es fertig."

Nach dieser deeskalativen Ansprache reagiert der angesprochene Schüler mit einer unverzüglichen Explosion:

„Lass mich in Ruhe. Du hast mir gar nichts zu befehlen. Ich will das Scheiß-Bild nicht malen."

Die Lehrerin wechselt angesichts des respektlosen Schülerverhaltens unmittelbar von der Deeskalation in die Konfrontation:

„Stopp. Nicht in dem Ton. Und das ist auch kein Scheiß-Bild."
„Mir doch egal. Von dir lass ich mir gar nichts sagen."
„Simon: Du änderst sofort deinen Ton."
„Mach ich überhaupt nicht. Du kannst mir gar nichts."
„Simon: so nicht!"
„Du hast mir überhaupt nichts zu sagen."
„Wir gehen jetzt vor die Tür und klären das dort. Steh auf und komm mit."
„Blöde Kuh – ich komme aber nicht mit."
„Dann lasse ich dich aus der Klasse holen."
„Mir doch egal."

Nach allen Kriterien, die wir in diesem Kapitel über die angemessene Reaktion auf mittlere oder gar schwere Regelverstöße entwickelt haben, hat die Kunst-Lehrerin angemessen gehandelt: Sie hat den Schüler unverzüglich mit seinen schweren Grenzverletzungen (respektloser Ton; Beleidigungen) konfrontiert und ihm eine klare Grenze aufgezeigt. Und dennoch lassen sich – psychologisch betrachtet – Zweifel an der konfrontativen Reaktion der Lehrerin anmelden, wenn man sich das Verhalten des Schülers genauer anschaut:

- Schon das aggressive Trommeln nach der großen Pause lässt darauf schließen, dass der Schüler emotional enorm unter Spannung steht.
- Die sofortige und völlig unvermittelte aggressive Explosion nach der deeskalativen Ansprache der Lehrerin verstärkt den Verdacht, dass die anschließenden schweren Grenzverletzungen aus einem emotionalen Ausnahmezustand des Schülers resultieren: Es handelt sich nicht um strategische Provokationen mit dem Ziel eines Machtkampfes (wie in dem Beispiel des Schülers in der Pausenhalle), sondern um affektive Provokationen mit dem Ziel des sich Luft-verschaffen-Wollens. Der Schüler stand offensichtlich enorm unter Strom.

Der Verdacht liegt also nahe, dass die unmittelbare Explosion des Schülers ihre Ursache in einer aufgeladenen Pausensituation hat, die er als emotionale Spannung in die anschließende Unterrichtsstunde hineingenommen hat. Und die deeskalative Ansprache des Lehrerin als Reaktion auf seine Störung bringt für den Schüler das Fass zum Überlaufen: Er explodiert und vergreift sich affektgeladen im Ton.

Ein Schüler sieht rot

Mit dieser Erklärung für die Explosion des Schülers wollen wir nicht die zunächst deeskalative Vorgehensweise der Lehrerin infrage stellen. Im Gegenteil: Wir möchten betonen, dass die Ursache für die Explosion nicht bei der Lehrerin lag, sondern vermutlich in einem ungeklärten Pausenkonflikt des Schülers. Die Lehrerin hat seine Explosion durch ihre deeskalative Ermahnung in Bezug auf sein Trommeln lediglich ausgelöst – keinesfalls aber verursacht.

Unsere Bedenken bezüglich des Auftritts der Lehrerin beziehen sich also nicht auf die präventiv-deeskalative Ansprache, sondern auf ihre anschließende durchgehende Konfrontation als Reaktion auf das respektlose Verhalten des Schülers. Um es auf einen Punkt zu bringen: Durch ihre Grenzziehung (= Einengung) hat sie Öl ins Feuer gegossen und den Schüler zusätzlich in die Enge getrieben, sodass dieser vollständig explodiert ist.

Simon kam schon unter emotionalem Druck in den Unterricht. Die deeskalative Ansprache seitens der Lehrerin vergrößerte seinen Druck und ließ ihn unmittelbar explodieren. Simon hat sprichwörtlich die Fassung verloren. Und der anschließende Prozess der Grenzziehung hat den Druck noch weiter erhöht. Als Folge der weiteren Einengung in Form der Konfrontation seitens der Lehrerin ist der Schüler vollständig und unkontrolliert explodiert.

> Bei emotional aufgeladenen Schülerinnen und Schülern und sich daraus ergebenden schweren Grenzverletzungen besteht die Gefahr, dass der Konflikt durch die Konfrontation (= Grenzziehung) der Lehrperson weiter eskaliert.

Druck ablassen

Nach der aggressiven Reaktion des Schülers als Antwort auf ihre deeskalative Ansprache, spätestens jedoch nach dem explosionsartigen Ausbruch als Antwort auf die erste Konfrontation hätte die Lehrerin erkennen können, dass Simons affektive Provokationen in keinem direkten Zusammenhang mit ihrer Intervention stehen: Simon vergreift sich nicht im Ton, weil er die Lehrerin provozieren und beleidigen möchte, sondern ausschließlich, um Druck abzulassen. Statt also den Druck auf Simon durch die (legitime!)

Grenzziehung zusätzlich zu erhöhen, hätte sie besser auf die fortgesetzte Konfrontation verzichten und stattdessen schnell zu einer deeskalativen Intervention zurückkehren sollen:

„Simon, höre bitte mit dem Trommeln auf. Das stört die anderen. Nimm doch bitte dein Bild und male es fertig." (freundlicher Ton)

„Lass mich in Ruhe. Du hast mir gar nichts zu befehlen. Ich will das Scheiß-Bild nicht malen."

„Mensch Simon. Was ist denn los mit dir? War irgendetwas in der Pause? Was ist passiert?" (freundlicher Ton / Statussenkung = Deeskalation)

„Geht dich gar nichts an. Lass mich in Ruhe."

„Okay – mache ich. Alles klar. Ich lasse dich jetzt in Ruhe. Und du beruhigst dich, okay?" (ruhiger und freundlicher Ton)

„Beruhige du dich doch."

„Gut, Simon. Wenn du dich beruhigt hast, schauen wir in Ruhe weiter. Fahre erst einmal runter."

„Pfff – dann lassen Sie mich auch in Ruhe."

„Alles Klar – ich unterrichte jetzt weiter. Und wenn du eine kurze Auszeit brauchst, kannst du sie dir gerne nehmen."

- Durch ihre Rückkehr in die Deeskalation ist es der Lehrerin zunächst einmal gelungen, weiteren Druck aus der Situation herauszunehmen: Durch ihre sofortige **Statusabsenkung** hat sie dem Schüler verdeutlicht, dass sie nicht gewillt ist, ihn weiter unter Druck zu setzen.
- Die Lehrerin hat das Mittel der **stimmlichen Antizipation** verwendet: Sie hat mit ihrer ruhigen Stimme den Zustand vorweggenommen, den sie bei ihrem Schüler mithilfe ihrer deeskalativen Vorgehensweise erreichen möchte – Ruhe und Ausgeglichenheit.
- Sie ist bei dem Wechsel von der Konfrontation in die Deeskalation einen kleinen Schritt zurückgetreten und hat den Schüler daraufhin nicht nur aus einer **größeren Distanz**, sondern auch aus einer **seitlichen Position** heraus angesprochen.
- Die Lehrerin hat bei dem Strategiewechsel auch den Inhalt ihrer verbalen Botschaften verändert: Statt auf der Ebene der Beleidigungen zu bleiben, ist sie auf die **Emotionen** des Schülers eingegangen (*„Was ist los mit dir …"*) und hat dadurch indirekt Verständnis gezeigt, die Beziehungsebene intensiviert und Wertschätzung praktiziert.

Bei deeskalativen Auftritten als Reaktion auf explodierende Schülerinnen oder Schüler ist es für die intervenierenden Lehrerinnen und Lehrer ratsam, den Fokus weniger auf die Inhalte ihrer Sätze als auf ihren körpersprachlichen Auftritt zu legen.

> Inhaltliche Botschaften können aufgrund der erfolgten Abschaltung des Großhirns von den affektgeladenen Schülerinnen und Schülern nicht rational verarbeitet werden. Aber so sehr sie auch außer sich sein mögen – bei aller Stammhirn-Steuerung sind sie hellwach für die Aufnahme von körpersprachlichen Botschaften.

Daher haben die Statussenkung der Lehrerin, ihr kleiner Schritt zurück, die seitliche Ansprache des Schülers und vor allem ihr freundlicher und beruhigender Ton die zentrale Rolle in ihrer deeskalativen Vorgehensweise gespielt.

Die Entscheidung der Lehrerin, angesichts des emotionalen Zustands des Schülers und trotz der Schwere seiner Regelverstöße auf die Konfrontation zu verzichten, heißt nicht, dass die Beleidigungen toleriert werden. Die Lehrerin entschließt sich lediglich dazu, in der aktuellen Situation jede weitere Eskalation des Konflikts zu vermeiden, um stattdessen zu einem späteren Zeitpunkt – nach dem Abklingen der Emotionen – die schweren Regelverstöße zu thematisieren. Am Ende der Stunde spricht sie, für alle Schülerinnen und Schüler hörbar, den Schüler an:

„Simon, bleib bitte noch kurz hier. Ich würde gerne noch ein paar Dinge mit dir klären.“

Aufgeschoben ist nicht aufgehoben.

> Agieren Schülerinnen und Schüler in Konflikten nach mittleren oder gar schweren Regelverstößen affektgesteuert, dann ist meistens die Deeskalation zielführender als die Konfrontation.

Pädagogischer Handlungsspielraum

An diesem Beispiel wird deutlich, dass sich trotz aller aufgezeigten Parallelen Lehrkräfte von Schiedsrichtern dahingehend unterscheiden, dass sie unter bestimmten Bedingungen auch pädagogische Entscheidungen treffen müssen, mit denen sie vom gewohnten und geregelten Vorgehen abweichen. Der Regelverstoß des Schülers Simon hätte zwar aufgrund seiner Schwere eigentlich eine Konfrontation erfordert, aber die Lehrerin hat sich wegen der affektgesteuerten Beleidigungen des Schülers für eine deeskalative Intervention entschieden.

Mit diesem Beispiel wollen wir deutlich machen, dass die in unserem Buch vorgestellte Vorgehensweise nach Regelverstößen und Grenzverletzungen lediglich eine Orientierung dafür bieten kann, wie eine angemessene, konsequente und wertschätzende Lehrerintervention ausfallen kann. Im Zweifelsfall gilt es immer, auf der Basis von pädagogisch begründeten Entscheidungen von dieser Vorgehensweise abzuweichen. Wir wollen daher zum Abschluss dieses Buches einige dieser möglichen Abweichungen aufzählen und kurz erläutern:

1. **Affektive Provokationen:** Wie wir in dem letzten Beispiel bereits erläutert haben, halten wir die Konfrontation in Situationen, in denen Schülerinnen oder Schüler aus Affekten heraus mittlere oder gar schwere Regelverstöße begehen, für problematisch. Die Gefahr besteht darin, dass durch die Grenzziehung in Form einer Konfrontation zusätzlicher Druck auf die bereits explodierenden Schülerinnen oder Schüler ausgeübt wird und diese Erhöhung des Drucks zu einer **unkontrollierbaren Eskalation** des Konflikts beitragen kann. Daher kann in derartigen Konflikten die Deeskalation die angemessenere und zielführendere Vorgehensweise sein – trotz der Schwere des Regelverstoßes oder der Grenzverletzung.
2. **Ausflippen bei Konfrontation:** Besonders an Förderschulen, aber durch die Inklusion zunehmend auch an Regelschulen, gibt es manchmal Schülerinnen und Schülern, die generell auf jede Art von grenzziehender Konfrontation höchst emotional reagieren und „ausflippen". Die Ursache dieser heftigen Reaktionen auf konfrontative Interventionen ist in den meisten Fällen **Projektion**: Die betreffenden Schülerinnen oder Schüler haben in ganz anderen (meist familiären) Kontexten zahlreiche negative Erlebnisse in Form von übergriffigem Verhalten erlebt. Und bei jeder erneuten als Einengung und Übergriff empfundenen Situation (hier: Konfrontation durch die Lehrerinnen und Lehrer) werden diese Erlebnisse **reaktiviert.** Die Ursachen für ihr „Ausflippen" sind demnach nicht in dem aktuellen Konflikt begründet, sondern werden durch diesen lediglich ausgelöst. Und für diese Schülerinnen und Schüler gilt unseres Erachtens das Gleiche, was wir bereits oben festgestellt haben: Die Konfrontation mag zwar eine der Schwere des Regelverstoßes angemessene Lehrerreaktion sein, sie ist bei diesen manchmal sogar traumatisierten Kindern und Jugendlichen aber eine psychologisch fragwürdige Intervention. Auch hier ist es oft sinnvoller, auch nach mittleren oder gar schweren Regelverstößen deeskalativ statt konfrontativ zu intervenieren.
3. **Deeskalation zu „soft":** Und natürlich gibt es auch den umgekehrten Fall, nämlich dass bei manchen Schülerinnen und Schülern die Deeskalation aus pädagogischer Sicht zwar die angemessene Reaktion auf einen leichten Regelverstoß darstellen würde, sich aber dennoch die Konfrontation empfiehlt. Dies kann der Fall sein, wenn Sie in Konflik-

ten nach leichten Regelverstößen feststellen, dass bestimmte Kinder und Jugendliche auf eine deeskalative Ansprache selten oder nie mit der von Ihnen gewünschten Verhaltensänderung reagieren. Auch hier liegt die Ursache derartiger Resistenz gegen Deeskalation meistens in der Biografie der Schülerinnen und Schüler: Wer beispielsweise im Elternhaus durchgängig mit einem **traditionell autoritären Führungsstil** erzogen wird, neigt manchmal dazu, die deeskalativen Vorgehensweisen anderer Autoritätspersonen (hier: Lehrpersonen) als „soft" und führungsschwach zu empfinden. Auch in diesen Situationen kann es sinnvoll sein, die jeweiligen Kinder und Jugendlichen auch nach leichten Regelverstößen schneller zu konfrontieren und ihnen engere Grenzen zu setzen als anderen Schülerinnen und Schülern.

Diese drei Beispiele mögen genügen, um aufzuzeigen:

> Es gibt keine Patentrezepte für den richtigen Auftritt nach Regelverstößen. Wir möchten dieses Buch lediglich als Orientierung verstanden wissen, anhand derer Sie auf der Basis von pädagogischen und manchmal auch psychologischen Kriterien ihr eigenes Verhalten in Konflikt-Situationen kritisch hinterfragen und ggf. auch optimieren können.

In diesem Sinne wünschen wir Ihnen viele Konflikte: Damit Sie ein reichliches Übungsfeld haben, um deeskalative und konfrontative Strategien durch Training so zu internalisieren, dass sie zu Ihrem gewohnten und intuitivem Handlungsrepertoire gehören. Und wir alle wissen, dass nur Übung den Meister bzw. die Meisterin macht. Und vielleicht können Sie irgendwann sogar neuen Konflikten entspannt und souverän entgegentreten – wo immer sie auftreten.

Literatur

Arendt, Hannah (1970): Macht und Gewalt. Pieper Verlag: München.

Arendt, Hannah (2012): Zwischen Vergangenheit und Zukunft. Pieper Verlag: München.

Eichhorn, Christoph (2008): Classroom-Management. Klett-Cotta Verlag: Stuttgart.

Grüner, Thomas/Hilt, Franz (2004): Bei Stopp ist Schluss. AOL Verlag: Lichtenau.

Lohmann, Gert (2011): Mit Schülern klarkommen. Cornelsen Verlag: Berlin.

Nitsche, Pearl (2009): Nonverbales Klassenzimmer Management. Inge Reichardt Verlag: Untermeitingen.

Omer, Haim/Von Schlippe, Arist (2010): Stärke statt Macht. Vandenhoek & Ruprecht Verlag: Göttingen.

Rhode, Rudi/Mona-Sabine Meis (2007): Wer schreit, hat schon verloren. Oesch Verlag: Zürich.

Rhode, Rudi/Mona-Sabine Meis (2006): Wenn Nervensägen an unseren Nerven sägen. Koesel Verlag: München.

Rhode, Rudi/Mona-Sabine Meis (2003): Angriff ist die schlechteste Verteidigung. Junfermann Verlag: Paderborn.

Rogge, Jan-Uwe (2001): Kinder brauchen Grenzen. RoRoRo Verlag: Hamburg.

Sofsky, Wolfgang (1996): Traktat über die Gewalt. S. Fischer Verlag: Frankfurt am Main.

Sofsky, Wolfgang/Paris, Rainer (1994): Figurationen sozialer Macht. Suhrkamp Verlag: Berlin.

Weber, Max (2002): Wirtschaft und Gesellschaft. Mohr Siebeck Verlag: Tübingen.